轻叩清华门

12个清华学子家庭采访实录

李晶 著

中国纺织出版社有限公司
国家一级出版社
全国百佳图书出版单位

内 容 提 要

为了让更多的人对清华学子有深刻的了解，让更多的孩子成为优秀的清华学子，让更多的孩子受益，作者特意采访了12个清华家庭，深层挖掘清华学子是如何养成的，到底是哪些特质使得他们变得如此优秀，他们的原生态家庭到底是怎样的，他们遇到学习困难和生活困难时，又是怎么面对和解决的……只有了解具备哪些特质的孩子成了清华学子，广大的高中生和家长们才不会盲目地跟风、跟从，甚至单纯地复制他们的学习方法等。

图书在版编目（CIP）数据

轻叩清华门：12个清华学子家庭采访实录／李晶著.
--北京：中国纺织出版社有限公司，2020.3
ISBN 978-7-5180-6415-1

Ⅰ.①轻… Ⅱ.①李… Ⅲ.①高中生—家庭教育
Ⅳ.①G78

中国版本图书馆CIP数据核字（2019）第150716号

责任编辑：江 飞 责任校对：高 涵 责任印制：储志伟

中国纺织出版社有限公司出版发行
地址：北京市朝阳区百子湾东里A407号楼 邮政编码：100124
销售电话：010—67004422 传真：010—87155801
http://www.c-textilep.com
中国纺织出版社有限公司天猫旗舰店
官方微博http://weibo.com/2119887771
天津千鹤文化传播有限公司印刷 各地新华书店经销
2020年3月第1版第1次印刷
开本：710×1000 1/16 印张：13
字数：172千字 定价：49.80元

序

参加了女儿的大学毕业典礼之后，我与几位清华学生家长结伴旅行。途中，一位妈妈谈起儿子小学低年级时被怀疑“多动症”，小学高年级上网成瘾，初一由于学校环境不佳和“早恋”复读小学六年级，初二与父母闹矛盾离家出走，高中不适应学习压力情绪悲观、压抑，真是一步一个坎。好在她总能及时认真地反思自己，并在朋友的帮助下采取适当对策，使得儿子不仅考入了清华大学，毕业后更能全身心地投入自己喜爱的事业。

这位妈妈就是阿花。她是本书的起点，也是第一位我要感谢的人。

一路上，阿花说得绘声绘色，我却听得步步惊心。谁说聪明的孩子一定成绩好？谁说成绩好的孩子一定能够考上好大学？谁说考上好大学的孩子一定身心健康？在孩子成年之前，总会遇到几个人生转折点。如果父母在这些重要时刻行差踏错，孩子就很可能与美好的未来失之交臂。

如今，虽然升入国内名牌大学已不再是学习能力超群的唯一标准，但清华学生在学业上的成功之路仍然吸引着众多怀有同样梦想的孩子和他们的父母。这也是一些“学霸”的学习方法、考试技巧，甚至学科笔记备受追捧的现实背景。然而从阿花的讲述中可以看出，与智商和学习能力相比，父母自身的言行以及学习与反思能力，对孩子高考结果乃至长远发展更加至关重要。

不仅如此，还有很多问题也困扰着无数父母。例如，如何对孩子逐渐放手？如何持久保持亲子交流通畅、没有隔阂？如何处理综合素质培养与学习的关系？如何让孩子未来更顺利地融入社会？

罗马不是一天建成，孩子更非一天长大。虽然考上清华大学并不代表他们未来的人生一定更顺利、更成功、更幸福，但我们仍然能够通过对其中一些孩子成长历程进行细致分析，寻找他们脱颖而出的共同规律，特别是父母的影响和所起的决定性作用。为此，从阿花开始，我与12位清华学生以及他们的父母分别进行了深入而坦诚的交流。

结合他们的讲述和我的观察与思考，本书中每个真实生动的家庭故事之后都有我基于自身感悟的延伸分析。但我更希望读者品味到的是：这些孩子并不都是人们普遍认为的天才，也会时常出现大问题或小状况。不过，尽管他们父母的生活环境、教育背景、工作经历差异很大，教育孩子时奉行的理念、使用的方法、可利用的资源也各不相同，但都有一个共同点——亲子关系稳定、和谐。失去了这个基础，父母再好的教育理念和方法都只能是纸上谈兵，孩子的潜力更难以挖掘。

另外值得一提的是，我和孩子们讨论的话题虽然围绕着亲子关系和家庭教育，但也聊了很多他们的心路历程。相对于学习，他们谈得更多的是自己对人生的理解与感悟。这并不意味着学习对他们来说轻而易举或无关紧要，而是在他们心中，勤于思考是享受学习乐趣、获得优异成绩并更具发展潜力的前提与保障。这也是我一直希望父母更关注孩子的精神世界而不是学习成绩的主要原因。

这些清华学子的分享诚恳而坦率，还可以让小读者从中产生共鸣、找到知音。无论年龄多大、生活背景如何，每个孩子内心的丰富与深刻都远远超出父母的想象。只要给孩子阅读的机会，相信他（她）就一定会在本书中遇到引发思想波澜的触点，或许还能找到打开心门的钥匙，从此走向更广阔的世界。

在此我要特别感谢这12位清华学生！

他们每一个人与我的交流都非常坦诚，总是努力地客观描述、严谨分析、准确表达。对于我提出的问题，他们既不回避也不敷衍，总是给予正面而积极的回应。这样的体验一再让我意识到：这既是他们每个人的个性，也是清华学生的共性。与青春朝气相伴的，是他们不仅拥有仰望天空的情怀，还有脚踏实地的精神！

同时，我也要特别感谢他们的父母！

在《陪伴的力量——我送孩子上清华》出版之后，我结识了更多清华学生的父母。随着交流的深入，我意识到他们在培养孩子过程中积累的经验与感悟远远超出我的想象，他们希望通过分享让更多孩子受益的愿望更让我感动。因为孩子，他们令人羡慕；因为自己，他们令人尊敬！感谢他们的真诚分享！也感谢他们对我的充分信任！

最后，我还要特别感谢我的女儿！

在我的写作过程中，女儿不仅对全书的结构与布局提供了非常重要的建议，还对每篇文章给出了具体而中肯的修改意见。我有时觉得她的一些意见过于苛刻，但只要静下心来仔细琢磨，就能体会她的用心、理解她的深意。女儿的敏锐与认真，不仅让这本书更加成熟，也让我为拥有这样的女儿感到骄傲！

李晶

2019.2.1

于北京

目录

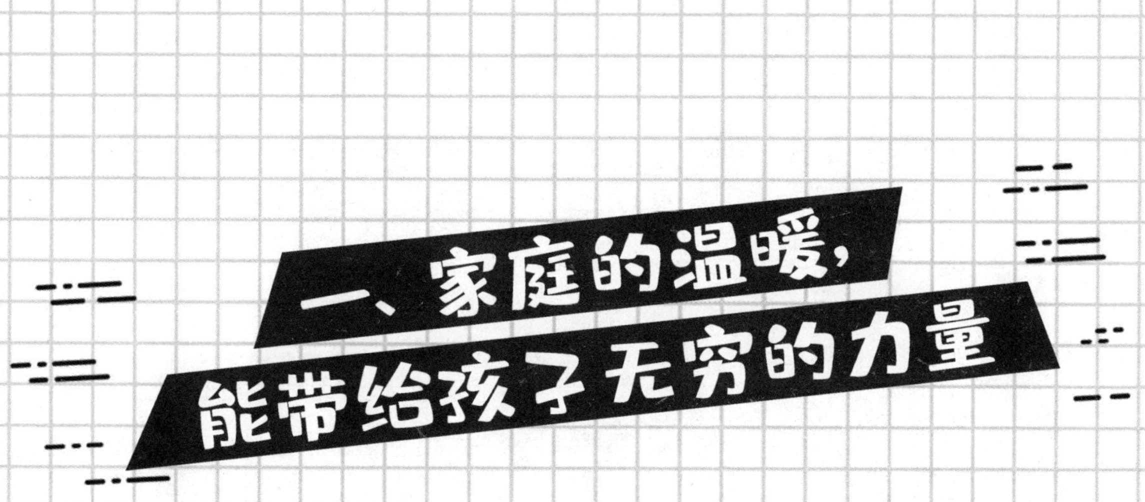

一、家庭的温暖，能带给孩子无穷的力量

清华学子家庭成员

妈妈：沈建茹

爸爸：刘启亮

儿子：豆豆（化名）

扫描二维码
听原声采访

清华学子名片

小学：求是教育集团浙大附小

初中：浙江省杭州市文澜中学

高中：浙江省杭州市学军中学

本科：清华大学建筑学院建筑环境与能源应用工程

博士：清华大学建筑学院土木工程

爱好和特长：大提琴、羽毛球

高中阶段所获奖项：浙江省高中生数学竞赛一等奖等

大学本科所获奖项：国家奖学金、北京市三好学生、校优秀共青团员等

天道酬勤。

豆豆自述

小的时候，主要是妈妈照顾我。她给了我很多美好的童年记忆，还帮我培养了良好的学习习惯。小学高年级以后，爸爸总会主动找我聊天，把他的想法告诉我。我发现如果按照他的方法处理问题，的确会避免很多麻烦。后来我再遇到困难时就会和他商量，他的思维方式和处事原则也开始逐渐影响我。

我从初中开始住校。在学校的时候会和家里通电话，但其实电话里说不清楚什么事，所以周五回家和周日回学校的路上是我和父母的聊天时间。周末在家里和爸爸夜聊对我来说也是很享受的事情，我会很自然地说说学校里的事和自己的想法，随意而放松。

随着年龄的增长，我越来越发现，有时候自己已经付出了很多努力，但还是不能取得好成绩。这时父母让我感觉到他们最关心的是我而不是那些成绩，这种温暖和感动是任何朋友都替代不了的。

（一）做孩子与老师的缓冲带和黏合剂

红领巾的风波

豆豆是班里第一批加入少先队的，特别地自豪和开心。可是这股兴奋劲儿还没过去，红领巾就被老师当着全班同学的面扯了下来。

那天是班主任的课。看着老师的板书，他眼前不由自主地浮现出周末在湖边泥地里挖出的身子一扭一扭的蚯蚓，不由得笑出了声：“老师，你写的字像蚯蚓一样！”班主任刚刚大学毕业，板书的确写得不够老练。可是被这个刚上一年级的小不点儿如此嘲笑，实在有点下不来台。班主任涨红着脸快步走到豆豆面前，三两下就扯下了豆豆脖子上的红领巾。豆豆一时有些懵，不知道老师为什么这么生气。

回到家被妈妈一问，豆豆立刻委屈地哭了。听着儿子断断续续的讲述，看着他满脸的泪痕，妈妈哭笑不得。等他的抽噎平息下来，妈妈搂着他说：“上课的时候你说这么一句，同学一走神就会忘记老师刚才讲了什么。老师被打断了，也只好再重新讲一遍。你的一句话会浪费所有人的时间，你是不是应该向老师承认错误呢？”豆豆歪着头想了想，不好意思地“嗯”了一声。

然后，妈妈继续说："我知道你不是故意的，但老师没有给你解释的机会就摘掉了你的红领巾，让你很难过，是不是？"豆豆立刻使劲地点头。于是妈妈安慰地说："她今年刚做老师，没有经验。你也给她一个长大的机会，好不好？"豆豆脸上的阴霾一扫而空，大度地说："好！"

借助老师的帮助

在学习方面，豆豆父母认为老师比父母更有经验、也更专业，因此他们一直与老师保持沟通。例如，豆豆小时候总写错别字、粗心，他们就找老师讨教解决办法；有时候他们感觉儿子学习状况不佳，或者看到老师写在作业本上的评语，就会向老师询问孩子在学校的表现。随着豆豆年龄的增长，他们更多地鼓励儿子直接请教老师，有时也会请老师主动给他提出要求或建议。

初中住校后，豆豆爸还会向生活老师了解儿子吃饭、住宿等生活情况，并且通过他们提醒儿子调整不良的生活习惯。豆豆爸认为，父母细心一点，孩子一些不好的倾向就会在萌芽状态时得到及时纠正，而老师在这个过程中能够起到非常重要的引导作用。

1 冷静与理性

在一些父母看来，处理孩子与老师之间的矛盾，以及将老师的意见转达给孩子而不引起反感是个难题。老师请家长到学校面谈，或者父母向老师了解情况，最终目的都是帮助孩子发现问题和解决问题。所以，父母更

应该考虑的是：怎样才能让孩子明白道理，并找到适合孩子的方法，而不只是简单转述老师的话或者发泄不满。

很多时候，有些父母的急躁是源于担心，他们怕老师对孩子产生成见或歧视。但其实，父母的负面情绪反而会让孩子对老师更加心存芥蒂和抗拒。有些父母的淡化处理是源于减压，他们怕过大的压力会影响孩子的心理健康。但不加辨别地一概忽视，会让孩子错过调整和进步的最佳机会或最后时机。

同时，老师与孩子之间的矛盾有时也会掺杂情绪和误解。如果父母在没有全面而细致地了解情况的前提下就想当然地评断是非，就很有可能因为与事实产生较大偏差而使孩子与老师之间的矛盾加剧。长此以往，孩子不仅无法从老师那里得到帮助，反而会因为心理的排斥与对立，与老师唱反调、对着干。

与此相比，豆豆母亲的做法显得冷静而理性。她不带偏见地向孩子询问前因后果，平心静气地听他陈述，理智客观地帮他分析。有了充分的沟通和相互理解，孩子自然会对老师有更多的接纳和更少的排斥，所有事情也都可以得到顺利的解决。

2 中立与公正

站在孩子的立场上，老师无疑是强势的。这样的权威可以让孩子无条件地接收知识、接受管理，但同时也会让孩子不自觉地产生自我保护意识。此时，只要父母的立场更多偏向于老师，他就会觉得特别委屈，即使老师是正确的，他也会产生反抗情绪；但如果父母的立场更偏向于孩子，他就会觉得找到了倚仗，即使明知自己是错的，也会佯装不知。

在这样的情况下，父母在处理师生关系时，如果不能做到中立与公正，不仅难以把孩子向正确的方向引导，反而容易被他的情绪所左右，不知所措。有些孩子甚至会利用父母与老师之间信息不通畅，故意将两者关系引向对立，从而使自己获得更多的自由空间。

因此，为了主导和把控局面，更为了让孩子心服口服，父母在处理师生关系时，既要让孩子理解老师的良苦用心、认识自己的错误，又要原谅老师的过失、维护老师在孩子心目中的权威。就像豆豆的母亲，她在指出儿子错误的同时，也对老师的不当行为提出了不同看法。这些意见既符合客观事实，又合情合理，因此孩子很容易接受。

当然，“中立”并不意味着做无原则的老好人。在父母的心中，清晰的是非观必不可少，对待孩子时，“有理、有利、有节”的策略也同样重要。有了父母这样的行为模式作参照，孩子一定能更主动地调整自己的心态和行为，也能更加理性地处理与老师的关系。

3 鼓励孩子更主动

相信任何老师都不会拒绝学生的请教。孩子这种积极的态度，也是缓解紧张师生关系的良方。

有个小学生说数学老师教得不好，语文老师总爱挑他毛病，所以他从来不听这两门课，只凭回家看书自学。遇到问题不问老师，只是将就着写作业，成绩也就可想而知了。我问他：“考试成绩不好时，会不会有人因为你老师的水平而给你加分呢？”孩子干脆地说：“不可能啊！”

由此可见，孩子完全可以理解这其中的利害关系。但尚未成熟的心智，往往使他即便懂得道理，也未必能够立刻在感情上接受、在行为上改变。所以，当孩子与老师发生矛盾或冲突，父母在给孩子缓冲期的同时，

还应该建议孩子主动与老师交流。这样做不仅可以促进师生间的互相了解与交流，更重要的意义在于让孩子意识到：不管是面对学习还是人际关系，积极的心态更有利于问题的解决。

在现实中，在师生关系中身处弱势的孩子可能很难向忽视他或对他有看法的老师采取主动的态度。这时，父母只要给孩子多出主意或创造机会，帮他走出艰难的第一步，他就会慢慢树立自信，越来越坚韧、越来越强大。

（二）父亲高品质的陪伴

爸爸接手

豆豆小的时候，爸爸经常在外面做生意，日常生活和学习都是由妈妈负责。可是豆豆妈越来越感觉到“儿子再让我带下去，就要变成女孩子了”，她想让儿子更大气，更像个男子汉。所以到了小学高年级，她要求豆豆爸多陪伴孩子。

刚开始，豆豆爸只是随意问问孩子的学校生活，聊聊自己的所见所闻。渐渐地，他发现可以通过这些看似随意的聊天向儿子传达自己的观点，儿子也在有意无意中接受着自己的影响。豆豆爸说：“我后来逐渐有意识地把与儿子的交流当作培养他成人的重要过程。”

持续的动力

豆豆爸认为：“孩子的成绩好只是表面现象，是有阶段性的。学习毕竟是辛苦而枯燥的，如果不能及时引导，他很容易就被电子游戏或其他新鲜事物诱惑，难以保持对学习的持续动力和积极性。”

豆豆上小学时，看到班里成绩最好的都是女孩，很不服气。豆豆爸就对他说："每个人的智商都差不多，谁投入的时间多一些，谁的成绩就会好一些。女孩子因为懂事早，自然会早一点多投入时间。"这样，豆豆懂得了付出努力才能获得好成绩的道理。

看到儿子的成绩越来越好，豆豆爸又提醒他不要忽视个人修养的提升。他给儿子讲自己身边的例子，然后告诉他："有些人学习能力很强，但在人品、个性、团队意识等方面存在明显缺陷，就不容易向更高的地方发展，而是停留在某一个层次上不去了。所以，要想未来有更好的平台，仅靠学习成绩是不够的，而是要全面发展，特别要学会多从别人的角度考虑问题。"

观察和了解

大多数父母对于住校的孩子，都是通过简单询问了解孩子在学校的情况。孩子呢，要么报喜不报忧，要么避重就轻，父母因此总会感到鞭长莫及。

豆豆爸在这方面做得非常细致。除了经常与老师交流，豆豆周末回家，他都会仔细观察儿子的细微表现。如果发现儿子不愿意讲话或者坐在那里不愿意动，他就会特别留心。

每当遇到这种情况，他总是不动声色，假装没发现，之后再向老师了解情况。然后根据老师的反馈按情况分类，有些问题自己和儿子谈，有些问题由妈妈出面谈，有些学习方面的问题通过老师来沟通。经过这样的处理，所有问题最后都能得到妥善解决。

谈话的时机

除了精心选择适合的话题，豆豆爸还十分讲究谈话的时机。他们有时边吃饭边聊，有时边散步边谈，如果看到孩子比较疲倦，就会等他的精神状态好转后再沟通。豆豆爸认为："只有孩子精神上是放松的、时间上是充裕的，谈话的效果才会好。”

豆豆进入青春期后，豆豆爸更注意与儿子谈话的策略。他感到如果总是直接指出问题，儿子就会认为父母不能理解自己，或者感觉自己受到轻视，从而排斥父母的意见。所以，他总是想办法从侧面引导。

例如，豆豆对爸爸说：“我有个同学得了奖。”豆豆爸就会问：“你在这件事上做得怎么样？有什么差距和心得？”他觉得这样的问答很自然，谈起来也会轻松一些。

在采访过程中，豆豆也对我说：“我上初中以后开始住校，有时会和家里通电话。每当周末在家里，我和爸爸会经常夜聊，聊天的内容就是学校里的事情和我自己的一些想法，比较随意。也正是这种轻松、随意与信任的感觉不断地积累，才让我无条件地信任爸爸，遇到事情也更愿意听取他的意见。”

1 父亲的责任

父亲对孩子成长所起的作用毋庸置疑，但其重要性并不仅仅因为他的男性身份，更因为他的家庭成员身份。

在一个家庭中，父亲和母亲对这个家都应该承担责任，而孩子是他们责任中最重要的部分。如果缺少其中任何一方，孩子家庭角色与社会角色的建立与培养都会受到影响。因此，父亲更多陪伴孩子，不应成为他们对家庭的额外贡献，而只是尽自己对家庭的责任。

当然，父亲与母亲对孩子的影响会形成互补。在一般的家庭中，多是

“男主外、女主内”的搭配模式；在工作单位中，出差和外派的岗位也多由男性担任。因此，男性的经历、见识和思维方式都与女性有所差别。如果父亲能够经常把自己的阅历与思考与孩子分享，将使孩子有机会站在自己的肩上，以更高更远的视角看这个世界。

与此同时，父亲对于孩子健全人格的建立也起着至关重要的作用。儿子可以从父亲身上学习如何做男人、儿子和父亲，未来如何在社会和家庭中承担责任；女儿可以从父亲身上学习如何与男人相处，以及完善自己对于未来伴侣的设想与期待。

父亲的这些责任，母亲是无法替代的。如果没有足够的时间和父亲相处与交流，孩子一定会留下终生的缺憾，难以弥补。而豆豆爸对儿子时间和精力的付出，是他送给孩子最珍贵的财富。

2 父亲的资格

曾经有个相声说，一个爸爸做了个梦，他惊恐地发现不是生了孩子就能做爸爸，而是要通过考试才能做爸爸。当他对着题目一道也做不出来时，一下子就吓醒了。这个故事听着离奇，但从孩子的身上，确实能体现出一个人是否具备做父亲的资格。

有些父亲习惯以家长的权威训斥孩子，但孩子总是不听话；也有些父亲放低姿态与孩子交朋友，换来的却是孩子根本不把自己放在眼里。所以，要想赢得孩子发自内心的尊重与信任，单凭父亲或朋友的身份远远不够。

豆豆爸总是寻找合适的时机与孩子谈话，总是通过询问、交流的方式引发孩子的思考，总是通过身边的具体事例引申出道理，总是站在支持的角度帮助孩子解决问题。这种温和、体贴的态度不仅让儿子感觉自己受到重视并乐于接受影响，更给了豆豆爸证明自己是个合格父亲的机会。

有人说自己文化水平低，帮不了孩子。可是农民家庭照样会出科学家，大学教授的孩子却未必个个成才。有人说："我要挣钱养家，哪有那么多时间陪孩子？"可是当你发现孩子在歧路上已经走得很远时，会不会体会到再多的财富也买不来自己和孩子的幸福呢？

那么，如果想坦然接受"爸爸"这个称呼，就请仔细想想：你和孩子共处了多长时间？每天与孩子说了几句话？有没有认真倾听过孩子的心里话？当孩子需要帮助和支持时，你又做了些什么？相信只要你每天都用心而努力地回答这些问题，在孩子的眼里，你就是一位值得尊敬和钦佩的父亲！

（三）理解与弹性让孩子更专注

骨折的收获

豆豆上大一时，因为参加拔河比赛不小心造成骨折，父母当天晚上就赶到了学校。豆豆爸对儿子说："这未必不是好事情。你刚上大学，对所有事情都想尝试，做所有事情都想跑到前面，因此花了不少时间。这次骨折反而是个机会，可以让你静下心来学习。"

豆豆开始怕丢面子，很反感用拐杖，上课和回宿舍时单脚跳着上楼。豆豆爸对他说："单脚跳会影响到另外一只脚，如果好的脚受伤或出现其他问题，那就真的麻烦了。拐杖虽然有点沉重，但可以锻炼上肢力量，也是不错的选择。"豆豆听爸爸讲得有道理，也就开始坦然地使用拐杖了。

通过这件事豆豆爸还告诉儿子："人的一生起起落落，会遇到各种各样的困境。不要觉得你是从清华出来的，就比人家更优越。等你进入社会，同样会受很多委屈、遇到不顺利的事情。每当这个时候，你就要主动调整自己，保持健康的心态。"

父母的支持无人取代

大三暑假，豆豆同时接下了四项工作：制作一个会议展示海报、参加两个代表学校和专业的比赛，以及一个个人比赛。那个假期他特别辛劳，但结果却是每件事情都没有做到最好。这种付出很大努力仍然不能实现预期目标的挫败感让豆豆很沮丧。

最后一项比赛结束后，豆豆感觉心里很难受，就给父母打了电话。父母对他说：“我们现在给你订明天早上的机票，回来住几天吧。”那时已是八月底，新学期很快就要开始，豆豆本来打算继续在学校做“推研”的准备。但听了父母的话，他立刻决定先回家。

豆豆说：“那个瞬间我觉得很温暖，非常感动！我感觉到他们最关心的是我，而不是那些成果和荣誉。我是代表班级、专业甚至学校出去比赛，同学和老师都寄予我很大期望。所以当成绩不佳时，我觉得他们也许会理解我，但仍然免不了会想‘你为什么没有做到更好呢？’仅仅是这个因素，就使我无法向老师和同学无所顾及地倾诉自己的郁闷。但我和父母之间完全不会有这些顾虑，他们让我觉得我可以在外面恣意拼搏，累的时候只要转身回到家里，就会有父母温暖的怀抱。这种感觉是任何朋友都替代不了的！”

讨论的意义

在豆豆上大学前，每次遇到问题，如小升初、初升高、高考等，都是一家三口坐在一起讨论。在这个过程中，他逐渐学会了思考和寻找解决问题的方法。上了大学后，父母给豆豆更多的是心理支持。他们总能提供一些解决问题的思路和方法，让他烦躁的心安静下来。

豆豆说：“我们家经常通过讨论形成共同目标。父母让我意识到：如果我的做法与目标相悖，就是不对的，这就是原则。在这个前提下，他们允许我有自己的想法，是有弹性的。如果任何小事都有严格的要求，在任何时候精神都处于紧绷的状态，是蛮累的，也会让我分心。同时，他们意识到自己在有些事情上不一定能给出指导时，就会提供给我更开放性的思路。正是因为与父母这种既有原则又有弹性的顺畅的交流方式，我在学习上会更加专注，遇到事情自然也会愿意寻求他们的帮助。”

1 暖一些、缓一些

有些父母总是抱怨孩子学习不专心，然后指出他的一大堆毛病，可是有没有想过这其中也有自己的原因呢？

例如，打断孩子写作业，要求他立即把不好看的字重写；一会儿给孩子送水果，一会儿喊他休息；当孩子出现问题时，夫妻为按谁的方式管教而吵架；孩子讲了不开心的事，父母总先批评一顿再让他学习。从父母的角度，每一件事可能都有充分的理由，但这些做法都在客观上分散了孩子在学习上的注意力。

中国古人主张吃饭“宜缓些、宜暖些”，意思是进食过快、食物过冷都会使胃肠功能受到损伤，其实这个原则也同样适用于亲子关系。例如，豆豆的父母没有在他刚上大学时就限制他参加社团活动，要求他必须专心学习，就是给他一个缓冲；在他感觉特别压抑的时候买机票让他回家，这就是给他温暖。

即便明知父母出于好意，孩子也不会乐于整日在冷硬和拘束的环境中学习和生活。而给孩子适当的时间和空间自我调整，并且在他困难的时候及时给予支持，才能让孩子更放松、更专注地投入学习。

所以认为孩子写字不够漂亮时，不妨让他在假期时集中练习；给孩子送水果和喊他休息时，也不必那么着急；关于管教方式的争论，完全可以另找时间平心静气地交流；寻找合适的时机跟孩子谈话，孩子倾听和接受的概率更高。这些做法可以兼顾解决问题和缓解压力，对于孩子来说效果更好。

2 原则与弹性并举

在孩子面前，父母总会有很强的心理优势，容易形成“你必须听我的”这样的思维定势。然而当孩子逐渐有了自己的思想，就会出现父母与孩子之间认知或期望值错位的现象。例如，有些父母认为孩子不按照自己的要求做是故意作对，但其实孩子只是觉得父母对自己管束过多，或者认为自己有更好的选择。

所谓教育中的弹性，就是给孩子成长的空间。父母应该相信：孩子比任何人都在意与自己有关的事。只要父母肯把决定的主动权交给孩子，他必然会积极而审慎地思考和决策。在方向正确的前提下，完全可能“条条大路通罗马”。孩子未必会选父母眼中最好的，但一定会选最适合自己的。这就是孩子发现自己、认识自己的好机会。

当然，给予孩子弹性也要把握尺度。就像豆豆所说：“父母让我意识到：如果我的做法与目标相悖，就是不对的，这就是原则。”如果父母以牺牲原则为代价换取孩子的开心和依恋，他在自律性和社会性上的缺陷不仅会令父母失望，也会使他无法实现自己的目标。

坚持原则和给予弹性，应该贯穿孩子成长过程的始终。如果父母没有从孩子小时候就培养这样的交流模式，在他青春期发生冲突后才被迫改变，就需要下更大的决心、付出更多的努力。但无论如何，这一步都必须要走，而且起步越早，父母越省心，孩子成长得也越顺利。

二、科学的引导与适当的约束，让孩子变得成熟

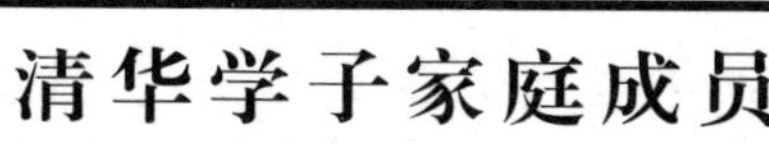

清华学子家庭成员

妈妈：赵敏

爸爸：邢武军

儿子：卓尔（化名）

扫描二维码
听原声采访

清华学子名片

小学： 黑龙江省佳木斯市第四小学

初中： 佳木斯市第五中学

高中： 佳木斯市第一中学

本科： 清华大学电子工程系

博士： 普林斯顿大学电子工程系

爱好和特长： 声乐、吉他、乒乓球、健身运动

高中阶段所获奖项： 连年获一等奖学金、全国高中学生化学竞赛省级赛区一等奖等

大学本科所获奖项： 清华大学综合优秀奖学金、北京市物理竞赛一等奖、清华大学学术优秀奖学金等

宝剑锋从磨砺出，梅花香自苦寒来。

卓尔自述

小时候我特别喜欢玩，但那时父母对我要求比较严格，让我养成了比较好的学习习惯，我也形成了自己的学习方法和思路。他们还告诉我哪些是最重要的事，哪些事情不应该做。

上了中学后，父母与我交流的方式变为引导。那时候我走过一些弯路，他们给了我很多指点，但很少画出一道线，告诉我哪边对、哪边错，

而是告诉我遇到事情应该怎么处理、怎么划分优先级。

他们对我没有过多约束，所以对于很多事，我并没有那么强的好奇心。现在想来，那时如果他们总是坚决阻止，反而会刺激我更想去尝试。我了解有些同学总是与父母对着干，就是因为父母强制管教的时间太长了。

我一直生活在父母营造的非常温馨的氛围中，所以进入大学后，我会下意识地把身边的人当成亲人，也会很温暖地对待他们。

（一）顺势而为的青春期陪伴

提心吊胆

卓尔家附近有个水库。听说那里发生了好几起游泳溺水事件，卓尔妈就反复嘱咐儿子不要去游泳。初中时，有一天卓尔和同学去动物园玩，妈妈去动物园却没接到他。晚上回家后卓尔才坦白了实情：他们去水库游泳了。卓尔后来说：“妈，水库的水比我想象的深多了！游泳的时候还踩到了石头，尖尖的，真有点害怕！”

在儿子青春期那几年，卓尔妈经常提心吊胆。要么怕儿子出意外，要么担心被老师请去谈话，于是免不了经常提醒和唠叨。说多了卓尔就会生烦，有时甚至会梗着脖子说：“我就不这样！”

卓尔妈说：“有一天他想参加同学聚会，我没让他去，他就生气，‘咣’地摔上门就走了。那个时候，他不让我跟着，我也不能喊，真拦不住啊！他青春期的时候可吓人了，我觉得都不像自己孩子了！”

严防密守

为了防止卓尔放学后与同学到不安全的地方玩，或者凑到一起打台球耽误学习，那几年卓尔妈坚持每天接送儿子上下学。

卓尔爸说："不管什么游戏，如果几个孩子总是凑在一起玩儿，就很容易上瘾，所以控制孩子的朋友圈很重要。父母应该尽量减少他与不爱读书的孩子单独接触的机会。时间久了，他们就会因为缺少共同话题而越走越远。"

请家长

卓尔虽然上课时注意力很集中，但只要一听懂，就开始跟同学说话、做小动作。他还很讲义气，有时会出头为同学打抱不平，因此经常被老师批评、罚站、请家长。

初中上信息课时，老师为了防止学生随意上网，总会把网线拔掉。有一次，卓尔趁老师没注意，偷偷把网线接上，然后开始上网玩游戏。被老师发现后好一顿批评，还请了家长。卓尔爸听了事情的经过，赶紧对老师说："对不起，我们回去教育。"后来想想也不是什么大问题，就跟他说"以后注意"，事情也就过去了。

卓尔说："对于老师的批评，我80%以上并不认可。每次被老师批评以后，一整天都会特别压抑。回家后，父母如果认为是原则问题，一定会很严肃地跟我谈；其他情况，就只是提醒一下。所以，从思想到行动，我受到的禁锢都不大。这样的情况多了，我的心态也就慢慢平和下来，不总跟老师较劲了。后来，我渐渐体会到，那时父母总是尽力理解我的想法，希望和我沟通。"

"早恋"

度过了初中这个最容易冲动的青春期，卓尔父母觉得终于可以喘一口气了。但是没多久他们发现，随着课程难度和竞争压力的增加，卓尔经常与一些“铁哥们”探讨学习、交流心得、互相促进、互相解压，这其中就有一个女孩。

那天，卓尔爸非常正式地跟儿子谈了一次。他说：“你可以喜欢她，她也可以喜欢你，但现在还不到适合的年龄。她如果真的想和你好，就一定会等到你们大学毕业。那时候有了经济基础，你们结婚也是可以的。但是如果错过现在的好老师、好学校、好条件，没有抓紧时间学习，考不上好大学，没本事挣钱养家，谁还能跟你呀？那时候你肯定后悔。”

这次谈话效果很好。过了一两个月，两人的热度慢慢降了下来，卓尔的学习状态也逐渐恢复了。高考结束后，他们都考上了理想的学校。父母不再干预，两人仍是好朋友。

不能“大嘴巴子”

关于与青春期孩子交流的方法，卓尔爸认为：“有些父母恨不得一个大嘴巴子就能把孩子管过来。这样做父母心里是舒服了，但孩子思想转不过弯来，肯定会抵触，甚至恨父母，以后就很难管了。而且心理上的阴影，会让孩子以后处理事情很容易过激。我觉得父母不能要求孩子所有事情都听自己的。只要不出格，完全可以让他按照自己的想法办。出格了肯定要批评，要认真地讲道理和沟通，一定要让孩子真正理解和认可。如果一次效果不好，下次换个角度再说，基本上所有问题都能解决。我相信没有一个孩子是不懂道理、不知好赖的。”

1 认同孩子的好奇心和挑战欲

青春期孩子的好奇心和挑战欲使他既能积极进取，又敢于面对挫折，非常值得认同和保护。但父母普遍担心的问题是：如果对孩子有不好的影响，这样的事能让他去尝试吗？

我认为，首先，是非观念很重要。父母必须要严肃地告诉孩子底线在哪里，以及错误做法对自己和他人的危害，相信孩子就会有意识地约束自己。其次，只要后果可控、可接受，让孩子面临挑战、经历挫折，也就是给了他成长的机会。

我问过卓尔一个问题："如果父母告诉你前面是南墙，撞上就会头破血流，你还撞吗？"卓尔说："我可能表面上跟父母表示不撞，但实际还是要撞。我想看看南墙真能撞倒吗？南墙那边是什么？也想体验一下头破血流的感觉。这其中有不甘心，也有好奇的成分。但是因为父母只告诉我这样做不对，却没有要求我绝对不能做，我的好奇心也就没那么强烈了。如果他们说绝对不能做，我可能反而更想去尝试，这应该就是逆反心理。"

好奇心和挑战欲是孩子认识自己、认识世界的重要方式。同时，自我管理和自我控制也是他们的必修课。所以，认同不代表放任。如果发现孩子的行为超出底线，或不能自我约束，父母就要担负起自己的责任，帮助他走向成熟。

2 收服孩子的心

孩子小时候都会奉父母的话为圣旨，即使听不懂、做不到也会答应下来，这是因为幼小的他很担心失去父母的爱。但是到了青春期，他会逐渐意识到自己在知识、见解和力量上可以与父母抗衡。经过几次试探，他会发现父母比自己更怕失去这份爱。于是，以前乖巧听话的，现在开始顶嘴；以前勉强服从的，现在开始置之不理；以前不敢反抗的，现在开始说“不”。

孩子在青春期最大的改变是开始“思考”和“质疑”。帮助孩子平稳度过青春期最有效的方式，不是用亲情胁迫、用权威强压，而是要想尽办法用语言说服、用行动证明真与假、对与错、善与恶、美与丑，让孩子对父母的意见心悦诚服。这是斗智斗勇，也是收服他的心。

有人觉得显而易见的道理有什么可说的？但只要给孩子机会，他一定会提出你从未想过的问题。有人觉得孩子说的都是歪理，根本没法跟他谈。但只要你做足功课、准备充分，早晚会让他心服口服。就像卓尔爸所说：“我相信没有一个孩子是不懂道理、不知好赖的。”

与训斥、打骂、唠叨相比，收服孩子的心是效率更高、效果更好的方法。只要父母肯动脑筋、花时间，就一定能走进孩子的内心、赢得他的信任。

3 谨慎干预朋友圈

因为家庭氛围与生活环境的不同，同龄人之间的交流会带来很多新奇的见闻和迥异的思想。这本是开阔眼界、增长见识的好机会，但是由于缺乏社会经验和辨别能力，孩子可能会在不知不觉中受到负面影响。

几乎所有人都认为，批评自己的朋友就是批评自己。对于青春期的孩子，更是如此。所以，当父母发现孩子的朋友有不良习惯或不当行为时，

应该首先给孩子机会说出朋友的优点和缺点，再与他讨论如何认识那些缺点可能造成的不利影响，以及如何提高自制力使自己少受干扰。

如果父母发现孩子已经受到了负面影响，或者受不良事物诱惑的可能性很大时，是否应该介入呢？在这个问题上，我很赞同卓尔父母的做法：不直接对他的朋友指手画脚，而是采取有效措施进行物理隔离，防患于未然。

并不是所有父母都能像卓尔妈那样每天接送孩子上下学，但可以通过课外班、体育运动等方式给孩子发展兴趣的机会和自由，让新鲜的人和事转移他的注意力。事实证明，孩子的兴趣和想法会经常改变。等他找到了新的朋友和乐趣，原本问题的解决也就水到渠成了。

（二）用智慧化解网瘾

初识电脑

卓尔学习使用电脑，是从小学开设信息课开始的。那时，他常在家里的电脑上玩打字小游戏，爸爸就坐在一旁陪他、指导他，如果升级了还鼓励他。

卓尔爸说：“儿子小学五年级的时候，我有时会拿些文件让他录入电脑。他发现自己竟然比我打字还快，而且还能给我帮忙，特别有成就感。”

帮助练级

卓尔玩游戏最上瘾的时候是在初中。那时看到班里有同学玩游戏，他也想玩。卓尔爸觉得玩儿是孩子的天性，只要控制好就没有问题，于是跟卓尔约定：每个周六日，每天可以玩一小时。

那时有个叫“冒险岛”的大型游戏，需要长期练级。级别越高，能力越强，看到的风景也越多。而且总出新怪兽、新地图和新版本，特别吸引人，所以玩的孩子特别多。

每周两小时增长的经验值非常有限，卓尔比不上别的同学，心里就总想多玩一会儿。为了防止儿子上瘾，卓尔爸开始跟儿子学如何打游戏，然后帮他练级。后来那个账号练到100多级，卓尔特别有成就感，同时也能安心地学习了。

拒绝买装备

卓尔爸陪儿子玩游戏时，发现他总想花钱买那些设计更华丽、攻击性更强的装备。卓尔爸怕儿子将来沉溺进去，就说："如果装备都用买的，谁都打不过你，你玩着还有什么意思？"

遇到很难闯的关时，卓尔爸又说："设计游戏的人，就是让你们谁也打不到最高一关，只有那些思维有问题的才能过关。"慢慢地，卓尔感觉爸爸说得很有道理，就没再要买装备。

给电脑设置障碍

为了防止儿子沉溺大型游戏，卓尔爸还动了很多脑筋。家里的电脑要更新，他特意选择低性能的配置，使得玩大型游戏很容易"卡"。儿子又要换CPU，他也换了，但又找专家趁儿子不在家的时候改变游戏和电脑的参数，让游戏玩起来总出问题。时间久了卓尔暗自嘀咕："玩大型游戏太费劲，还不如连连看呢。"

卓尔爸说："对于那些倔强的孩子，如果不想点儿招，确实很难避免玩游戏上瘾。但是这些手段仅适合小学、初中阶段使用。等孩子上高中后，这些小把戏就不灵了。不过如果前期控制得好，上了高中后，他最上瘾的时期已经过去，也懂得自我约束了。"

严格控制时间

在控制玩游戏时间的问题上，卓尔爸做得很坚决，时间一到就会立刻把游戏断掉。卓尔开始经常很生气，转身就走。但时间长了，他也就慢慢养成了习惯。

初三的时候，卓尔爸感觉儿子玩游戏的瘾特别大，有时就适当“放水”。时间超了才过去说：“哎呀，都过了这么长时间，我咋没看到呢？赶紧走！”卓尔看赚了这么长时间，心里有点小得意，也就爽快地走了。

防止网吧和比赛

卓尔爸认为：如果父母不让孩子在家玩游戏，他就有可能偷偷上网吧，那样没人管束，会更危险。另外，要尽可能避免孩子和同学一起比着玩那些大型游戏。只要存在竞争，孩子就很容易上瘾。

所以最好的办法是：允许孩子有控制地在家里玩一些单机游戏，或者买个速度很慢的电脑，让他玩不了大型游戏。

1 最初的警惕

“小赌怡情”是很多赌徒最初的想法，结果却是妻离子散、家破人亡。“适当使用手机、电脑可以开发智力”是一些父母最初的想法，结果却使孩子学业荒废、人生无望。在那些孩子被手机和网游控制，父母被孩子控制的家庭，父母往往会叹息“如果知道会这样，我那时绝对不让他玩网游，不给他用手机！”

长期玩“网游”和使用手机对孩子的危害比成人更为严重的原因在于：生长发育对于年龄段的敏感度、损害一旦形成的不可逆性和坏习惯对人伤害的长期性。同时，对于社会交往能力和专注度的损害更会直接影响孩子的学习成绩，乃至未来的工作和婚姻。而上瘾后逐渐形成的放弃自己和抛弃亲人的心态，更与“毒瘾”和“赌瘾”一般无二。

卓尔爸之所以在儿子最初接触电脑游戏的小学时期就开始想办法控制、引导和约束，是因为他对孩子缺乏自我控制能力的明确认知，以及网络游戏上瘾对孩子危害巨大的清醒认识。在具体操作时，他既坚决又人性化、既严格又有弹性的做法，也使得卓尔这个聪明、活跃、有个性的孩子能够认可、接受并配合父母的管理。

所有的失控都始于最初的放纵。父母在孩子开始接触电脑、手机、网络时是否有足够的警惕之心，是孩子之后是否会陷入“网瘾”和“手机控”泥潭的决定性因素。

2 “极点”与坚持

卓尔爸控制儿子玩网游很坚决，时间一到就会立刻断掉游戏。卓尔虽然当时很生气，但时间长了，也就慢慢养成了习惯。由此可见，“言出必行”是卓尔爸成功的关键。

长跑时有个“极点现象”，就是跑到一定距离时，人会出现胸部发闷、呼吸困难、心悸、腿软、头晕恶心、步子发沉的现象。“极点”出现后，只要不停下来，继续坚持，随着内脏器官机能的调节和改善，所有症状都会逐渐消失，呼吸变得更均匀、动作变得更轻快。

这其中最难的是“继续坚持”，而它与培养孩子习惯过程中的难点很相似。孩子的自控能力都是比较弱的，每当感到受约束、不自由时，之前所有的决心、承诺都会抛在脑后，总想先“爽”了再说。

此时，父母坚定的态度和温暖的陪伴显得尤为重要。只要父母不妥协、不放弃，孩子就会更少纠结、更少反复、更容易度过“极点”，早日养成好习惯。

3 陪伴孩子戒网瘾

有个孩子回忆自己沉溺于网游的经历时说：“那时我特别难受，眼前是一片灰色。我根本不想上大学，但是也不知道自己要干什么？”所以玩游戏对他来说就是对现实的逃避。

孩子没有目标，有相当一部分是没有责任感的体现。所以，父母应该尽量帮助孩子发掘内在兴趣、寻找人生方向；同时也要让他学会自我管理，并分担家庭责任。当孩子知道通过努力就可以学自己喜欢的专业、从事自己喜欢的职业，或者懂得自食其力和照顾家庭是每个人都不能逃避的责任时，戒除“网瘾”才会更主动、更持久。

同时，像卓尔爸一样，在陪孩子一起玩游戏，甚至帮助“练级”的过程中，对细节和诀窍有了深入了解，提出有针对性的建议和管理方式更能让孩子接受。

从心里接纳父母是孩子顺应引导和接受管理的第一步。如果父母不了解孩子的兴趣爱好，经常以批评的态度否定他的行为，孩子就很难接受父母的意见。因此，对于那些已经沉溺于手机或网游上瘾的孩子，父母可以尝试从他最着迷的事情入手，慢慢拉近距离、逐渐打开心扉。

4 值得为孩子牺牲吗

现在，智能手机对孩子的影响远远超过卓尔上学时候的“网游”，而形成这种现象的主要原因就是父母。几乎可以说，现在的孩子都是看着父母玩手机长大的，父母就是他们玩手机的“启蒙老师”。所以父母在为孩子玩手机上瘾发愁时，有没有想过从自己放下手机做起呢？

父母放下手机，是避免孩子玩手机，或者扭转孩子手机上瘾的第一步，也是最重要的一步。现在有不少母亲为了孩子可以放弃工作，但却不愿意放下手机；有不少父亲为了孩子可以推掉饭局，但却不愿意放下手机；有些父母宁可躲在房间里偷偷玩，或者把孩子送到培训机构写作业，也不愿意放下手机。那么，如果我们自己都不能放下手机，又如何要求孩子“脱瘾”呢？

放下手机是为孩子牺牲吗？如果把手机当作有益身心的必需品，那么可以认为是牺牲；但如果只把它当作日常生活的消遣，那就只是改变自己的休闲习惯而已。所以，放下手机并不难，难的是我们能否时刻提醒自己：孩子比手机更重要。

（三）健康饮食和持久锻炼

小零食与打屁股

卓尔上幼儿园时，有次姥姥给他买了盒小零食，但是只让他吃一小袋。他不高兴，脖子一梗说：“我就要！我就要！”还用小脚踢姥姥。卓尔爸一气之下就把儿子打哭了，还把他拽到一间小屋里说：“你慢慢哭，哭够了再想想自己做得对不对！”

一个多小时后，卓尔不哭了，偷偷开门往外看。又过了一会儿，卓尔爸走进去对儿子说：“你这么小就拽姥姥、踢姥姥，长大以后是不是还要打爸妈？再说，小食品对身体极为有害，你看我们吃吗？我们告诉你很多次，但是你不听，还要吃，所以今天才打你。”卓尔爸觉得：既然打了，就要把这事讲清楚，不然就白打了。

父母首先提高认识

卓尔爸是位医生，因为职业原因对儿子的身体健康比普通父母更为重视，尤其对零食、饮料的控制更加严格。

卓尔爸说，有人觉得每种小食品中添加剂很少，没关系。但如果孩子经常吃，身体肯定会受伤害，所以还是建议孩子尽量别吃。尤其是颜色鲜艳、味道浓郁的食品，虽然很吸引人，但长期食用危害真的很大。

同时，长期饮用碳酸饮料和含甜味素等添加剂饮料的孩子，极易发生肥胖，心脏和代谢系统也容易出现问题，有些孩子甚至过早患上糖尿病。

还有油炸类快餐，如果长期食用，摄入的热量太多又消耗不了，就会在体内堆积，结果就是肥胖。并且，血脂、肝功能、尿酸的检查指标都会不正常，患心脑血管疾病、糖尿病、高血压、高血脂的年龄也会大大提前。

讲道理与隔离

卓尔爸说：“我们这里很流行‘烤串’。我告诉儿子那些东西很脏，而且肉类烧焦后会产生很多有害物质，油脂也过多，这些对人体都会产生伤害，所以不要吃。我平时会把临床遇到的病例告诉儿子，也会把一些研究报告给他看，让他从心理上理解和接受。人的口味都是从小养成的，只要从小告诉孩子不能吃，他就能养成不吃的习惯。”

更重要的是：为了孩子的健康，父母首先自己不要买不健康的食品，同时也要跟祖父母说清危害，否则老人心一软就会害了孩子。这样，孩子看不着，也就想不起来吃了。

做医生的都知道这些危害，但是真正能坚持下来的并不多。所以归根到底，父母的坚持还是非常重要的。

让锻炼成为习惯

卓尔小时候特别好动、爱玩，上高中后学习压力比较大，运动量就降下来了。那时卓尔爸每天陪儿子打乒乓球，不仅锻炼了身体，还减少了他上网玩游戏的时间。卓尔爸说：“儿子精力旺盛，如果不把他的业余时间占上，消耗掉多余的能量，他就总想玩网游。”

上大学后，卓尔仍然坚持运动，每天都要跑足三千米。在学业比较轻松的时候，他还坚持每天游泳和健身，生活规律而健康。

卓尔爸说：“清华大学的学习任务比较重，如果学习或者做实验到很晚，就会吃夜宵。学校食堂用油比较多，如果他不是每天运动，肯定比现在胖。他出国后，摄入的油脂会更多，我希望他能够每天游泳一小时，保持锻炼。”

1 孩子别无选择

有些父母特别爱买小食品，却要求孩子少吃零食，孩子心里就会想：“你能吃，为什么我不能吃？”而卓尔的父母首先自己做到了不吃零食、不喝饮料，卓尔才能养成健康的饮食习惯。

美食，对很多人都充满诱惑。但如果知道其中的色、香、味都出自人工勾兑而并非来自食物本身，并且长期食用会带来病痛甚至缩短寿命，你

还会放任自己的欲望吗？更何况，对于幼小的孩子，他们的所有饮食全都依赖父母，自己只能被动接受，别无选择。

在未经世事的孩子面前，父母无疑是强大和可以信赖的，习惯也就是在这个过程中慢慢形成的。因此，父母可以为自己的口腹之欲寻找各种理由，但对孩子造成的影响和危害却已无法改变。

不要觉得自己的小嗜好无足轻重，那可能也会伴随孩子的一生。父母的饮食习惯健康，孩子会终生受益；父母的饮食习惯不健康，孩子则会终生受累。

1 为祖国健康工作五十年

“为祖国健康工作五十年”的口号是清华大学在六十年前提出的，重视体育锻炼已内化为清华人的气质，成为清华大学的一个重要特色。例如，要求学生坚持“阳光长跑”、没有通过游泳测试不能获得毕业资格，连自主招生都要加测体育。

很多父母希望孩子考上好大学的根本原因，是毕业后可以找到高薪工作，而现在的“高薪”几乎就是加班多和压力大的代名词。所以，如果没有一个好身体，即使得到好工作也很难坚持下去。这也就是华尔街的金融公司更愿意招聘大学运动队骨干队员的原因。

体育锻炼除了提高身体素质以外，还能提高学习效率、转移对网游和手机的依赖，以及带来更加积极的精神状态。所以，那种“考不上好大学，身体再好也没用”的想法是本末倒置，对孩子的健康成长非常有害。

这个时代的孩子很幸运，他们的身体和精神比以往任何时代都更加自由。但是只有父母帮助孩子拥有一个强健的体魄，他才能在未来的日子里，真正做自己想做的事，过自己想过的生活。

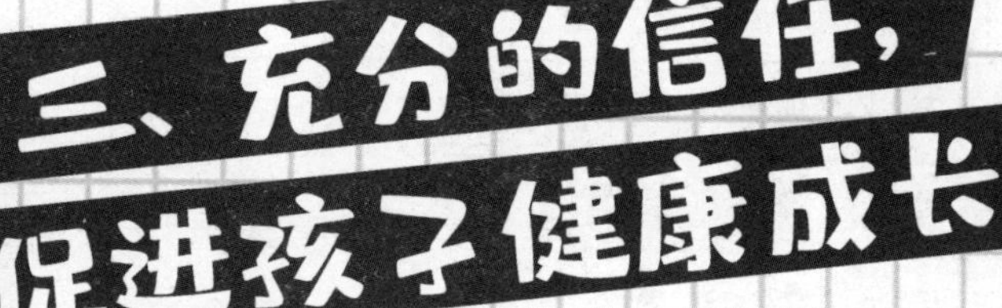

三、充分的信任，促进孩子健康成长

清华学子家庭成员

妈妈：高邓琴

爸爸：高占军

女儿：高蕊馨

扫描二维码
听原声采访

清华学子名片

小学：四川省成都市成华区实验小学

初中：四川成都外国语学校

高中：四川成都外国语学校

本科：清华大学材料学院

博士：加拿大多伦多大学生物材料专业

爱好和特长：古筝、羽毛球、游泳、绘画、随时思考

高中阶段所获奖项：全国中学生物理竞赛二等奖等

大学本科所获奖项：清华大学新生一等奖学金、北京市优秀毕业生等

做自己喜欢的事。生活是自己过的，不是给别人看的。

高蕊馨自述

我与父母之间的关系，介于尊敬的长辈和信任的朋友之间。我信任我的父母，他们也信任我。每当遇到事情时，他们总会帮我分析利弊，但最后的决定还是我自己来做。如果事实证明我是错的，我也不会埋怨他们，而是怪自己做错了选择。

他们不太关注我的学习，总是问有没有开心的事。如果我觉得哪个科目学得不好，或者不喜欢哪个老师，就会跟他们说一说，但是他们平时从不主动问。我喜欢的东西才可能主动去学，所以课外班都是我自己选的，没有父母的要求。有些兴趣爱好虽然一直没有考级，但都坚持下来了，也非常开心。

我身边有些同学的家长要求孩子必须听自己的。其实他们并不了解实际情况，也不了解孩子的想法，却硬要替孩子做主，有点“不撞南墙不回头”的意思。相比之下，我经常为我的父母感到自豪。

（一）早信任、早成长

我想上小学

蕊馨幼儿园中班结束时，刚好赶上小学入学年龄提前。妈妈问她：“你想上小学，还是继续上幼儿园大班？” 蕊馨认真地想了想说：“我想上小学，幼儿园没意思。” 于是妈妈尊重了她的意见，让她提前上小学。

蕊馨妈觉得，虽然孩子还小，但学习总是她自己的事。如果硬让她去上小学，她不愿意，即使勉强去了，也会有情绪。同样地，硬让她继续上幼儿园，她也不会高兴。

学习与背篓

蕊馨刚上小学时，妈妈就对她说：“学习是你的事，上班是妈妈的事。” 同时她也告诉蕊馨：“你看院子里捡垃圾的人，因为读书少，工作环境就不好。你如果不想上学，也可以做他那样的工作，一个背筐、一个钩钩就可以自力更生了。” 她想让女儿意识到上学跟父母没有关系，自己的未来就掌握在自己手中。

所以每当老师要求家长在作业上签字时，蕊馨让她在哪里签，她就在哪里签；让她签什么，她就签什么，从来不多问。她对女儿说："我签字，只是查看你这项作业是否完成，但不会检查对错。这个需要依靠你自己，如果错了，就自己改正。"

不帮忙、不担心

蕊馨的爸爸长期在外地工作，以前每个月回家一次，后来每周一次。妈妈是医生，白天上班，晚上还要值夜班，非常辛苦。妈妈觉得应该让蕊馨从小学会照顾自己，并且帮忙分担家务。

于是从蕊馨小学一年级起，妈妈就要求她自己收拾书包，而且从不帮忙。从小学三年级起，妈妈让她每天做两人的早餐。虽然是简单的荷包蛋和牛奶，还是需要早起15分钟才能完成。起初是妈妈叫她起床，后来蕊馨每天睡觉前定上闹钟，早晨自己起来。

有人问蕊馨妈："你让那么小的孩子用天然气，不怕她烫着啊！"蕊馨妈说："如果9岁不烫着，12岁会烫着，18岁也会烫着。开始时我肯定会手把手教她，并且在旁边看着她做。凡事总有第一次，慢慢就会做了嘛。"

蕊馨妈觉得很多时候并不是孩子不会、不行，而是家长过于担心。她说："我的目的很简单，就是当我不在家的时候，她不会饿着。小孩子的能力都是很强的。你不让她做，她就始终不会做。其实离了你，她什么都会干。"

上哪所初中学校，自己拿主意

小升初的时候，蕊馨特别想去成都外国语学校，而父母希望她上离家较近、不用住宿的另一所重点中学。蕊馨去看了那所学校，感觉气氛比较压抑，不适合自己。于是她自作主张地把自己的学籍号以及小学期间的各种获奖证书，一股脑儿地交给了成都外国语学校的招生老师，并且对妈妈说：“即使考取不了奖学金，我也要读！”妈妈听了也很支持：“只要供得起，肯定让你读！”

蕊馨爸说：“那个学校的学费和生活费很高。女儿知道我们是工薪阶层，收入不是很宽裕，就很想拿到奖学金。所以当得知她获得了一等奖学金时，我们都非常意外，她也特别高兴，感觉给我们减轻了负担。”

做错选择怨自己

高中分班时，蕊馨可以选择去竞赛班或普通班。父母想让她去试一试，但她当时不想参加竞赛，还是坚持去了面对高考的普通班。

上了一段时间课后，蕊馨发现还是竞赛班的老师更适合自己，于是跟父母说想换班。妈妈二话不说，拿着她的成绩单跑到学校向校长争取。校长看到蕊馨初中成绩优异，妈妈的态度又十分恳切，最终同意让她转去竞赛班试一试。

蕊馨说：“当时我真的特别无助，不知道应该怎么办。妈妈放下自己所有的事情来帮我，我心里非常感激。如果父母之前逼我去竞赛班，我肯定不会同意。但是经历了这些，我就会觉得他们之前说的都是对的，只怪自己做错了选择。”

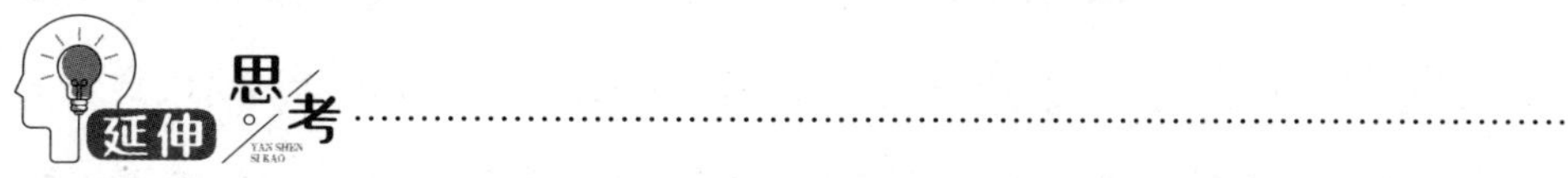

1 自主意识，越早灌输越好

“三岁看大，七岁看老”。虽然孩子年幼时懵懂无知，但从小养成的

习惯会影响他的一生。同样的道理，在刚开始做某件事情就被告知“这件事你可以自己完成，不能依靠别人”，孩子就会在不知不觉中形成自主意识、养成对自己负责的习惯。

有人说：“孩子这么小，说这些他懂吗？”如果父母说的事情他从未经历和了解过，没有切身感受，当然不会懂。但是，对于日常生活中的事，他完全知道父母在说什么。也许他还不能理解父母的深思远虑，但只要把眼前的事做好，自然而然就会达到父母的期望。

还有人说：“孩子这么小，能承受压力吗？”人的承受能力都是逐渐积累和提高的。如果小时候总是被父母全方位呵护，自我意识就很难觉醒，这也就是很多孩子自理能力弱、学习主动性差的主要原因。

在不少父母眼中，让五岁的蕊馨自己决定是否提前上小学难以理解和接受。但正是这样一步步的训练，她长大后才能学会主动掌握自己的命运。后来的事实证明，蕊馨不仅有能力选择更适合自己的学校，也有能力选择更适合自己的生活方式和发展方向。而这些是再高明的父母都不能替代的。

2 从成功中获得自信

蕊馨从小学到大学，几乎所有的大事都是自己作出决策的。而且从结果来看，绝大部分都是理性且正确的，她也从中获得了心灵的愉悦和自信。这是蕊馨的成功，也是她的幸运，因为父母给了她证明自己的机会。

自信不是人的本能，也无法凭空获得，而是需要外界证实的感受和成功后油然而生的情绪。有些父母总对孩子说要自信，但如果孩子很难在学校得到认可，在家又总是被父母训斥，他的自信心从何而来呢？尤其对于在学业上没有明显优势的孩子，父母是他建立自信最重要的依靠。

毋庸置疑，父母在孩子心中的地位不可替代，因此来自父母的肯定对孩子建立自信至关重要。而父母给孩子创造机会证明自己，就是对他最大的肯定。例如，让他做力所能及的事，让他分担家庭责任，或者在他感兴趣或擅长的领域帮助他寻找提高的机遇、创造展示的机会。当孩子在这个过程中发现自己有足够的能力，甚至比别人做得更好时，自信心也就自然而然地产生了。

聚沙成塔、聚水成涓。成功不分大小，累积得越多，孩子的自信心就越强。所以，想让孩子更加自信，父母就要更大胆地放手、放权、放心。

3 感受错误才能知不足

美国首席大法官约翰·罗伯茨在儿子的初中毕业典礼上致词时说："在未来的岁月里，我希望你们受到一点不公正的对待，这样才知道正义的价值；我希望你们会遭受背叛，这样你们才了解忠诚的可贵；我希望你们时不时体会到孤独，这样你们才不会将友情视作理所当然；我希望你们交点噩运，这样你们才会意识到自己的成功并非天经地义，别人的失败也不是咎由自取。当你们失败时，我希望你们的竞争对手时不时地幸灾乐祸一下，这样你们才会领悟体育精神的可贵；我希望你们被忽视，这样你们才会知道倾听有多重要。不管以上这些是不是我的希望，它们都会在你们未来的人生中发生。而你们是否会从中获益，完全取决于你们从苦难中领悟人生的能力。"

中国人总说"以史为鉴"，但历史又总在重演。这其中的原因就在于没有切肤之痛的经验都不是自己的，而只有自己总结的经验才会印象更深刻、反思更彻底。就像蕊馨在转班波折后所说："经历了这些，我会觉得他们之前说的都是对的，只怪自己做错了选择。"

除了突破底线的事应该坚决制止外，其他的沟沟坎坎不妨让孩子去经历、去磕碰。即使失败了，又有什么大不了的呢？但是如果不让他经历，将来反而可能会摔更大的跟头。

有的父母为了提高孩子经受挫折的能力，故意给他制造一些麻烦，这其实完全没有必要。只要把决策的自主权交给孩子，让他体验成功的喜悦和失败的痛苦，日常生活就是对他最好的锻炼。

（二）遇到挫折及时疏解

但求自食其力

蕊馨上小学比较早，所以父母从来不要求她拿满分，觉得能跟上教学节奏就很满意了。小学高年级开始有应用题，妈妈问她："看得懂题吗？"听到女儿说"看得懂"，她就放心了。他们觉得小学阶段主要是培养孩子的行为规范，成绩不需要必须前几名。女儿考得好，他们就表扬她；考得不好，他们就鼓励她，并且帮她寻找原因。

蕊馨妈说："对于成绩，她不在意，我也不在意。我那时候觉得以她高中的成绩，上重点本科没问题，出来找个合适的工作就可以了。"蕊馨爸也说："我对孩子要求很低，就是健健康康的。没想过她将来有多大的成就，只希望她长大后能够自己养活自己。"

没学过拼音的苦恼

蕊馨刚上小学时，有些自卑。因为其他小朋友都上过大班，学过拼音，可是她不会。有一次，蕊馨放学回家后郁闷地对妈妈说："班里有个同学很厉害，连下节课上什么都知道！"妈妈把她搂到身边，温柔地说：

“等一年级结束，你就跟他们学得一样多了。以后学的都是新东西，他们就不会比你超前了。”

一年级结束时，蕊馨语文得了100分，她兴奋地对妈妈说：“妈妈，你说得真对！现在我跟他们都是一样的了！”

听写得零分

小学二年级时，蕊馨有次刚回家就“哇”的一声哭了。妈妈抱着她，一边慢慢拍着她的后背一边安慰。等她哭完了，妈妈问：“乖乖，你怎么了？”蕊馨说：“今天听写我得了零分。”妈妈拿着卷子一看，原来是她把第二个词写在了第一个词的位置上，后面也就一直错位下去。再细问，蕊馨又说，老师念第一个词的时候，她在削铅笔，完全没有听到。

这时妈妈对蕊馨说：“你以后每天晚上把该做的事都做好，就不会出现这种情况了。而且你只是第一个没写上去，其他的全写对了。在妈妈的眼里，你就是99分！”

可能因为这次打击太大，给她留下了深刻的印象。后来，蕊馨每天都会在家把准备工作做好，粗心的问题也很少出现了。

哭晕的成绩

因为小学英语学得少，蕊馨刚上初中时，上英语课有点“坐飞机”（方言：听不懂）。后来虽然慢慢赶上来了，可还是有点不自信。

有一次月考，上午英语考试结束后，蕊馨感觉考砸了，就躲在寝室的卫生间，对着电话跟妈妈哭了20多分钟。自己感觉都快哭晕了，结果下午的数学考得更砸。过了几天，考试结果出来一看，全年级的英语成绩都偏低。相比起来，蕊馨还算是正常发挥，但是后面的数学考试却生生地被她哭砸了，总体排名下降了100多名。妈妈知道后笑着对她说："以后考得再差也不会哭了吧？今后不管遇到什么情况，你考完一科，就要放下一科。"

后来从初中到高中，父母总是从其他家长那里得知蕊馨的考试成绩。有一次，蕊馨妈问女儿："你考得那么好，为什么不告诉妈妈呢？"蕊馨说："考得好与不好都过去了，我要做的是准备下一场考试。"

1 自食其力与找到好工作

父母把孩子送到学校是为了什么？让他学知识，将来可以自食其力？还是让他考上好学校，将来找到好工作呢？有人觉得"这两者没有区别呀！"但仔细琢磨就会发现：前者更注重学习过程，对成绩要求不高；而后者更注重成绩，对学习过程却不甚关注。

因为出发点不同，父母对孩子学习的管理也会产生很大差别。希望孩子自食其力的父母，总是问孩子在学校是否开心，老师教的知识是否学懂了；而希望孩子找到好工作的父母，总是问孩子的成绩和名次，总想给孩子加作业。

在我接触的案例中，有一些成绩好的孩子反而会产生厌学的情绪，甚至辍学，就是承受不住父母的殷切期望。这些父母告诉孩子只有现在更努力，将来才会更舒适、更美好。但在孩子眼里，父母似乎更享受被人羡慕和受人尊重的感觉，而不是真心关心自己的未来，因此会对父母的要求产生抗拒心理和逆反情绪。

同时，蕊馨的父母希望女儿将来"自食其力"，其中隐含了让她为自己学习的潜台词，而"找到好工作"的期望，无疑含有比较与其他的成分。内因与外因相比，哪种动力可以让孩子对学习有更持久的主动性和积极性，就高下立现了。

2 批评与帮助的差别

当孩子的成绩不能令人满意时，有些父母习惯把孩子训一通；有些即使告诫自己不能发火，脸色也很难看；还有些父母会老生常谈地唠叨，然后，就没有然后了。

其实，孩子成绩不理想时，总会感到沮丧和脆弱。此时他需要的不是铺天盖地、不留情面的批评，而是真心的鼓励和切实的帮助。就像蕊馨每次遇到困难时，妈妈总能帮她分析主观和客观原因。让她对于自己不能改变的，坦然接受；对于通过努力可以提高的，积极应对。如此，孩子才会在父母的慰藉与鼓励下，重拾信心，继续上路。

有人觉得自己能力不够，无法帮助孩子，索性撒手不管。但其实父母只要有足够的耐心，就能发挥出自己在经验和阅历方面的优势。就像蕊馨妈给女儿的提点，没有一个涉及具体知识，又总是三言两语就能给孩子以切实的支持和帮助。

批评孩子，是一件容易又痛快的事。但只有自我控制能力强，并善于学习与反思的父母，才能真正帮到孩子。他们不仅能给孩子恳切的建议，还能让他在更加轻松、愉悦的心情下汲取知识，自求上进。

（三）找到适合孩子的交流方式

我不要你们了

蕊馨从小就是个性格倔强的孩子。2岁时，有一次父母带她去公园玩儿，其间因为一件小事闹了别扭，她就生气地对爸爸妈妈说：“我不要你们了，我走了！”然后毅然决然转身就走。父母看着她小小的身影越走越远，既好气又好笑。于是跟在后面偷偷观察，看她一个人怕不怕？多久才会回头找父母？

只见蕊馨东张西望地走了一会儿，就一脚踏进了路旁的草地，开始专心致志地蹲在那里玩青草。时间很快就过了半小时，她却还没有表现出任何不安和恐惧，也没有要找父母的意思，父母只好走过去带她回家。

保证书是什么啊

蕊馨3岁半时，妈妈想让她去少年宫学跳舞，就对她说：“我希望你去学跳舞，以后身材和姿态都会更好，更像个小淑女。”蕊馨不愿意去，妈妈就又说，“那你给妈妈写个保证书吧，就说你以后长大了不怪我没送你去跳舞。”蕊馨当时根本不知道保证书是什么东西，只是隐约觉得这是很严重的事，想了想说：“那我就去学吧。”

蕊馨聪明伶俐，动作协调性好，去舞蹈班学了一年，老师就把她从最后一排调到了第一排。但是又过了半年，她跟妈妈提出不想去了。那时候妈妈尊重了她的意见，让她退出了舞蹈班。

蕊馨妈说：“有些我认为重要的事，会用一些办法稍微强迫一下。试过之后，如果她还不喜欢，我就不勉强了。”

先试试

蕊馨上高中时，有段时间对新换的数学老师的授课方式不太适应。有一次在考试前对妈妈说：“妈妈，我考数学前，都感觉没底了！”这时蕊馨妈刚好听侄女说帮她补课的老师讲得挺好，就把这个信息告诉了女儿。

可是蕊馨开始并不愿意补课，认为自己多下些功夫就行。蕊馨妈对她说："我相信以你的能力可以学好，但如果有个好老师点拨一下，就会事半功倍。你可先去试听一次，如果觉得老师讲得不好，咱们立刻就走。"结果蕊馨只上了一次课，就感慨道："妈妈，我落了好多东西啊！不过没问题，现在补习还来得及。"

网游上瘾怎么办

蕊馨从小喜欢打游戏。上高中时，每个周六只要一回到家，就钻进书房玩游戏，总是快到12点才出来。父母认为玩游戏可以开发智力，她的成绩也一直不错，就没太约束她。可是高二时，有一天蕊馨妈在蕊馨枕头下发现了很多电话充值卡。开始以为她打了很多电话，后来才知道是用于游戏充值、买装备了。当意识到女儿已经玩网游成瘾时，他们真的吓了一跳。

等蕊馨再次从学校回家时，妈妈旁敲侧击地问她："你的压岁钱去哪儿啦？"回答是："买校服了。"蕊馨妈觉得如果继续这个话题很容易当面吵起来，就在夜深人静的时候给她发了条短信："女儿啊，你在妈妈心中已经很厉害了。但是你认为不对的事情，还是要克制一下，还是要跟妈妈讲真话。"

虽然这件事情谁也没有明说，但蕊馨知道，蕊馨妈也知道。于是从第二个星期开始，蕊馨回家后就再没进过那个书房。

蕊馨妈说："当我对她的想法和做法有不同意见的时候，还是要表达的。我觉得是否表达是我的事，听不听是她的事。当然，孩子大了也有面子。如果父母总是当面说她，她心里会不舒服。所以，我现在有时会发微信和她交流。"

高考志愿和出国

蕊馨一直对画画感兴趣，建筑系也是她一直非常关注的专业。但是高中时一次夏令营的经历让她改变了想法，决定报考清华大学的材料系。

父母对女儿的这个决定有点意外，觉得女孩子并不适合这样的专业。但是他们知道自己并不能改变她的想法，于是找来材料系的学长学姐跟她交流，希望能够带给她更多的信息，帮助她决策。

大学毕业后，蕊馨想出国继续深造，在学校和国家的选择上，她与父母又产生了分歧。父母觉得美国的整体科研水平高，而蕊馨认为加拿大更适合自己。于是父母找来在国外生活或学习过的同事跟她交流见闻和看法。

蕊馨说："因为我父母没有学过材料专业，也没有国外生活的经历，所以他们的话对我没有说服力。相比之下，材料系的学长学姐，以及那些有国外学习和生活经历的长辈说的话，我更听得进去。虽然最后还是我自己做决定，但我特别感谢他们的良苦用心。"

青春期肯定会逆反吗

蕊馨妈说："我女儿从小就很有主见，所以只要她说得有道理，没有太出格，我都不会阻止，都会同意她去做。别的家长可能觉得这是逆反，但我觉得这是正常的表现。两个人站的角度不一样，年龄上也有差距，对问题的看法肯定会有很大差别。我认为对的事情，她可能并不同意。所以我愿意让她自己去尝试，让她自己判断对错，哪怕遇到一点挫折也没关系。我当然也希望孩子少走弯路，但实际是不可能的。如果她认为对的事情，父母极力反对，结果肯定适得其反。"

对于青春期逆反的问题，蕊馨说："我的青春期没有明显的反抗过程。有压迫才有反抗嘛！因为父母不强迫我，我就不怎么反抗。爸爸心很细，看到我把眼镜、帽子落在餐厅，就会提醒我。当然他只是偶尔说一下，如果经常说，我肯定会烦。妈妈也是这样。其实平时我能够意识到自己哪些地方做错了，她只要稍微一提我就知道她要说什么，她也就不重复了。”

1 听取与听从

父母想让孩子听从自己的意见和安排都有一个好的初衷，就是希望孩子少摔跟头、少走弯路，但实际情况可能并非如此。就像蕊馨在升小学、升初中、升大学和出国问题的选择上，都显得既理智又果断，完全不是父母普遍认为的幼稚又冲动。也许有人说蕊馨是个早熟的孩子，是个例。但父母试过就会发现：只要给孩子机会，他就一定会展现自己超出父母预期的成熟的一面。

既然如此，父母不妨尝试把要求孩子“听从”变为“听取”。所谓“听取”，也就是由孩子自己决定取舍。就像蕊馨所说“有压迫才有反抗”，获得了自主决策机会的孩子，反而会理性考虑父母的意见。如果孩子因为逆反而采取“一概不听”的态度，父母有再多的热情和经验又有什么用呢？

“听从”变为“听取”的一字之差带给孩子的是平等，这正是青春期孩子最需要的。也只有受到尊重与信任，孩子的自我意识才能在父母的引导下觉醒，而不会脱离父母的掌控，甚至误入歧途。

同时，在当今创新氛围深厚的社会环境下，习惯“听从”却很少有独立观点的人，在职场中更容易遇到“瓶颈”；而乐于“听取”并有决断力的人，更容易有所作为。结果就是，父母不同的理念将会造就孩子不同的人生。

2 面对倔强的孩子要采用旁敲侧击

有人说“我家孩子倔，说什么都听不进去”。还有人说“我家孩子犟，磨破嘴皮子也没用”。同样地，蕊馨就是一个倔强的孩子，但她为什么不排斥父母的建议，反而与父母的关系这般融洽呢?

所谓“倔强”，就是不轻易屈服。如果父母总是想让孩子低头，十有八九不会达到目的。面对这样的孩子，旁敲侧击、点到为止往往效果更好。

蕊馨妈说：“我闺女很明白事理，响鼓不用重捶。”其实，几乎所有的孩子都知道自己哪些地方做得不好、哪些地方应该改进，但是因为自制力不够，经常会被外界因素所干扰，或者忘记自己的承诺。这个时候，父母只需稍加提点，就会引起孩子的注意，把他拉回原来的轨道。在此基础上，再辅以适合孩子特点的方法和父母的适当督促，很多问题都能被化于无形。

有的父母认为，对于不听话的孩子，不说点重话就起不到刺激的作用。但如果激起了孩子的抗拒心理，就欲速则不达了。都说“良药苦口利于病”，但加了蜂蜜的中成药可以使更多人受益。都说“忠言逆耳利于行”，但要使效果更好，为什么不能采用更利于孩子接受的方式呢?

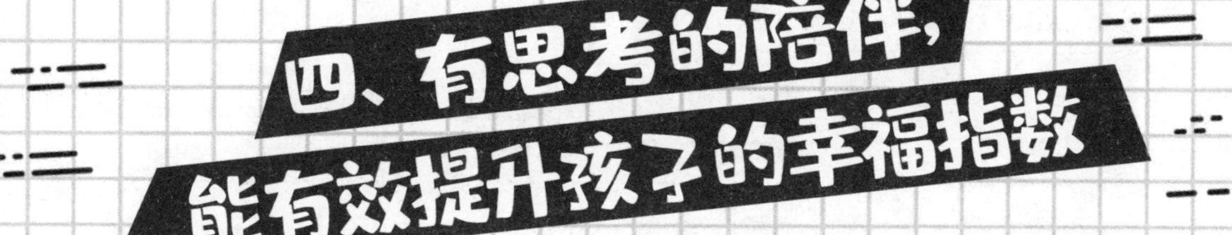

清华学子家庭成员

妈妈：王妙华

爸爸：金建良

女儿：今夕（化名）

扫描二维码
听原声采访

清华学子名片

小学： 浙江省上虞市鹤琴小学

初中： 浙江省上虞市实验中学

高中： 浙江省上虞市春晖中学

本科： 清华大学建筑学院建筑专业

硕士： 清华大学建筑学院建筑设计专业

爱好和特长： 游泳、长跑、阅读、电影、绘画

高中阶段所获奖项： 物理竞赛全国二等奖、化学竞赛浙江省一等奖等

大学本科所获奖项： 清华大学新生二等奖学金、清华大学学业优秀奖学金等

不忘初心，砥砺前行。

今夕自述

我妈妈非常朴实、善良，是一位生活型的母亲。尤其上高三时，为了保证我营养均衡，她每天把亲手做的饭菜送到学校，还里三层、外三层地包裹好，生怕凉掉。我爸特别有耐心，小时候常常和我一起玩。同学来我家时，他就和我们一起捉迷藏。他还特别喜欢看书，能够静得下心来。

我们仨彼此之间非常亲密、平等，交流没有顾忌。他们什么都跟我说，我也什么都跟他们说。我非常享受他们的陪伴，从没有被管束的感觉。所以我认为父母双方的同心协力，是孩子健康成长的最大动力。

我是个有主见的人，在很多事情上都有自己的判断。但我总是很愿意了解父母的担忧和顾虑，希望从他们那里获得我没有的经验，之后再做决定。我感觉有些同学自己的意愿不是特别强烈，可能是长期受父母的压制造成的。在这方面，我很幸运。

（一）亲密陪伴孩子的幼年

两年的全职妈妈

今夕出生后，开始由奶奶、外婆和姑姑轮流带。今夕妈看着女儿总是刚适应了一个环境就要换到另一个地方，心里很不是滋味。想放下工作全心全意照顾孩子，又担心收入减少后生活水平会下降。思来想去，最后夫妻俩觉得钱挣得少一点无所谓，还是女儿健康成长最重要。于是今夕妈在单位办了停薪留职，专心陪伴女儿直到她上幼儿园。

今夕妈怀孕的时候就想要个女儿，今夕出生后，今夕妈就更欢喜了。每天陪着还不够，女儿睡觉的时候还经常去看看她、亲亲她。平时今夕妈经常带女儿出去跟小朋友玩儿，今夕也总是玩儿得很快乐、很开心。直到现在，今夕都一直保持着阳光、开朗的性格。

今夕爸说：“我们觉得自己带孩子，在教育和亲情上都会更好一些。有些由祖父母帮着带的孩子，确实跟自己的爸爸妈妈不太亲。”

姐妹仨

今夕妈说：“女儿小的时候，我们一家三口总是一起玩跳皮筋、踢毽子、扔沙包，像‘三姐妹’一样，是平等的，没有长幼之分。”

小学时，几个关系好的朋友特别喜欢到今夕家里玩，因为今夕的爸爸妈妈经常和她们一起跳皮筋、捉迷藏。时间久了，他们的父母对今夕爸爸妈妈说："孩子回家埋怨我们了，说我家的气氛没有你家好！"

今夕爸说："虽然玩的是女孩子的游戏，我也很高兴，因为我爱她。现在很多孩子都抱怨父母和他们一起活动的时间太少了。实际上，孩子对成年人很崇拜，如果父母放下手中的事跟他们一起玩，他们会非常开心。"

养成阅读习惯

今夕爸认为从小培养孩子的阅读习惯，会使她终生受用。于是从两三岁起，他就开始给女儿讲有插图的书。

那时候，他买了《一千零一夜》《安徒生童话》《伊索寓言》《克雷洛夫寓言》等图书，边看边给她讲，或者看了以后讲给她听。每天都不重复，积累起来大概有几千个故事。后来女儿习惯了，只要看他空下来，就拿个小板凳坐到旁边说"爸爸讲故事"。今夕爸说："我现在想起来觉得自己那时特别有耐心，现在肯定做不到了！"

上幼儿园之后，每个双休日的晚上，今夕都是和爸爸在新华书店或商场的图书柜台度过的。到了小学，有时全天都待在那里。

今夕说："我爸特别喜欢看传记类和历史类的书，一般在成人区。我喜欢看恐怖小说和推理小说，就在儿童区。我们可以拿着一本书看几小时，甚至一整天。上学后，每当我在书房写作业，爸爸就随便找个地方看书，很少外出应酬。这样的陪伴不仅让我养成了爱读书的习惯，也影响到我的未来的育儿观。我想以后把孩子也教得乖乖的，在家里非常温馨地跟我一起看书。"

小小心结

今夕儿时的记忆并不多，但有一件事给她留下了特别深刻的印象。

4岁时的一个休息日，妈妈加班，爸爸带今夕去公园玩儿。玩了一会儿，爸爸问她："还要继续玩吗？"今夕说："不要！"爸爸又问："要不要找妈妈？"她还说："不要！"爸爸又说了好几个选择，今夕可能是犯了倔脾气，都说"不要"。好脾气的爸爸终于也被惹得生了气，把她留在原地，一个人走开了。

过了一会儿，有个二十多岁的姐姐过来问她："你怎么一个人在这啊？"今夕立刻就委屈地哭了起来，这时躲在一旁的爸爸才走过来抱起她。

1 得到与舍弃

要发展事业还是陪孩子？要多赚钱还是陪孩子？要生活品质还是陪孩子？这些几乎是每个父母都必须面临的选择。人的精力是有限的，很少有人能够完美兼顾事业、生活和孩子，收入、发展和享受与陪伴孩子之间一定存在冲突。于是，孩子就被动地在父母的选择中走向了不同的方向。

在今夕的父母看来，陪伴孩子是自己心甘情愿的付出，也是自己的责任。如果孩子因为缺少父母的关爱而受委屈，便会心神不安。当然，收入和事业或许受到了影响，生活也不够自由，但他们认为：与温馨的家庭生活相比，这些都无足轻重，所以甘之如饴。

我不能说今夕父母的做法是唯一正确的选择，但对于孩子，这无疑是最好的选择。在她最幼小、最脆弱、最需要温暖的时候得到世界上最亲的人的照顾，这会使她未来更坚强、更自信。而且对于孩子，这个机会只有一次。一旦因为缺少父母的陪伴留下心理阴影，父母以后花再多的时间和精力都很难弥补。

即使只在公园里单独留下很短的时间，事后也知道爸爸就在不远处，仍然让4岁的今夕印象深刻。那些从小很少能够和父母亲近的孩子，他们的复杂心情就可想而知了。而长期被父母忽视进而缺乏安全感的孩子，一旦通过不当方式寻找心理补偿，如交到不良朋友或发生超过限度的早恋，更会造成难以挽回的后果。

俗话说“有得必有失，有失也必有得”。父母一定要充分认识到自己的选择对于孩子长期的影响，避免将来出现令自己懊悔的后果。

2 有品质的陪伴

在我看来，今夕父母陪孩子一起跳皮筋、踢毽子、扔沙包、捉迷藏的做法非常值得尊敬和推崇。他们不是把陪孩子玩游戏当作不得不做的工作或无法逃避的责任，而是参与其中，也享受其中。正因为如此，女儿与他们的关系才更加坦诚和真挚，而不是应付和搪塞。

一位与犹太人组成家庭的中国女士告诉我，他们夫妻对“陪伴孩子”的理解有很大差异。她认为和孩子在一个房间里或是一起阅读半小时就是陪伴了，她丈夫却认为在孩子小的时候，父母应该创造机会多与孩子一起做事情。例如，他会非常专注地和孩子一起在地上爬来爬去、吹泡泡、与猫咪嬉戏，还会抱着、搂着、看着孩子，听他们说话，看他们展示单脚跳或后滚翻等新技能。他会大力表扬孩子的进步，也感谢他们与父母分享学校生活。他认为这样做才是真正的陪伴。

有的父母经常报怨孩子不愿意与自己交流，不愿意说真心话，但有没

有想过自己是否只负责给孩子买玩具，却没有陪他一起玩？是否虽然经常在家里陪孩子，却只是坐在沙发上玩手机呢？

就像父母经常对孩子说“你敷衍学习，学习也敷衍你”，同样的话也可以对父母说“你敷衍孩子，孩子也敷衍你”。

（二）养孩子需要事业心

把培养孩子当成事业

今夕爸说：“从女儿出生起，我就立下了誓言：要把她培养成一个有用的人。所以我会像对待工作一样投入热情和精力，经常思考和总结。家庭教育的理念其实大家都懂的，但是能否认真去做就不一定了。我是当件大事认真去做的。”

今夕爸为了让女儿成为一个有建树、有成就的人，不只关心她的学习，还会在思想、生活、情感、性格上综合培养。因为他觉得一个人要成功，学习要紧，做人更要紧；智商重要，情商更重要。

坚持让女儿复述故事

幼儿园中班时，老师要求孩子把在幼儿园听到的故事回家讲给父母听。别家孩子没有几个坚持下来的，今夕爸却每天很认真地要求女儿复述故事，非常严格。

有一次全家准备下午去上海旅游。吃过午饭后，今夕爸去幼儿园把女儿接了回来。在去火车站的路上，他想让今夕抓紧时间复述老师上午讲的故事。但是那个故事有点长，今夕一时不能复述完整，又不敢反抗，有点眼泪汪汪。事后，今夕爸心里不舒服了很久，反思自己对女儿的要求是否过于严格了。

今夕爸说："现在回想起来，我从小要求她复述故事，就是训练她的记忆能力、表达能力、思维能力以及上课时的专注度，这些对她后来的学习还是很有帮助的。"

坚持接女儿放学

今夕上初中时每天早出晚归，今夕爸觉得跟女儿交流的时间太少了，就开始坚持每天接她放学。从单位到学校的距离并不近，每天下班后赶过去很紧张，但为了能在路上和女儿聊天，他从不爽约。

有一天，今夕爸上班压力有点大，女儿看出来了，关心地问他是不是不开心。他说："没有不开心，就是有点累。"女儿又问："那你为什么还来接我？"今夕爸略带疲惫地回答："我们这个年龄的人对孩子更多的不是爱心，而是责任心。"

今夕爸对我说："当时孩子听了很生气，回家后过了好长时间才理睬我。事后我后悔得不得了！我当时只想到强调责任，后来才感悟到：对孩子来说，父母的爱心比责任心更加重要，因为孩子会认为'责任心'有点被迫的感觉，并且老师对她也有'责任心'，所以那并不是父母独有的。只有父母对她的爱心超过责任心，她才能感觉到幸福。"

教育理念的学习和应用

为了更好地教育女儿，今夕爸经常看家庭教育的文章。应该以欣赏和鼓励为主的理念，正是那个时候在他心里深深地扎下了根。平时今夕爸总会仔细观察和捕捉女儿的小进步和小成功。例如，看到作文里有好的句子，但是老师没有表扬，他就自己用红笔画出来。

今夕妈说："我们一直给她头上'浇麻油'，就是拍她马屁。当老师说她不好时，我们就说‘你肯定能行，一定比别人家的孩子厉害！’我们觉得如果总骂小孩子不好，会伤害她的自尊心和自信心，她心里肯定会有阴影。就像大人，人家说你不好，你肯定不开心。”

同时，今夕爸也强调：“当她犯了错误，我们还是要提醒的。不是优点无限放大，缺点忽略不计。”

今夕说：“在我们的城市，父母会把70%~80%的精力放在孩子身上。在这种情况下，如果父母总是把自己的意愿强加到孩子身上，孩子的压力会很大。而如果父母把自己定位于支持，而不是要求和批评，孩子的感受就会好很多。”

1 可贵的事业心

所谓事业心，就是为了一个明确的目标持续付出努力。遇到困难，会想方设法解决，而不轻言放弃。今夕爸正是把培养孩子当成事业的人。只要对女儿成长有利的做法，他就会坚持做到底。例如，几年如一日地要求女儿复述故事，每周带女儿到书店看书，总是费尽心思地鼓励女儿。

其实，有些父母在孩子面前屡战屡败的原因，并不是不知道怎样培养孩子，也不是不愿意为孩子付出，而是低估了教育孩子需要的恒心和毅力。

就像今夕爸所说：“家庭教育的理念其实大家都懂的，但能否认真去做就不一定了。”有些父母每当发现孩子的问题难以解决时，就会买书、查资料，并且向亲朋好友或专家求助，当时也觉得那些理论和经验句句在理，可试了一两次后，一旦感觉效果不好就会放弃；或者孩子的情况稍有

好转，就会放松下来，以致故态复萌。

但是如果父母能够把培养孩子当作一项事业，就会做好没有时间期限、会面临各种困难、可能达不到期望值等各种心理准备，然后在不断的学习、观察、总结、反思中，与孩子共同成长。

2 捕捉优点

虽然很多父母都能认识到表扬和鼓励孩子的重要性，却并不知道如何才能发现他的优点，而不是熟视无睹；也不知道怎样才是真诚的赞美，而不是简单应付。

在一些父母眼里，孩子虽然偶尔有进步，但马上就会做出令人生气的举动。有时刚动了“今天表现还不错”的念头，转眼就想狠狠教训他一顿。所以，父母并不是看不到孩子的进步，而是错过了鼓励的最佳时机。如此日积月累，孩子只会认为自己在父母心里一无是处。

还有些父母，总觉得孩子把事情做好是应该的，过度表扬会让他骄傲自满。但是做错事一定要批评，否则他就不知道自己努力的方向。所以，父母并不是不想表扬孩子，而是觉得批评才是他进步的动力。然而越挫越勇并不是大多数孩子的常态，当孩子的积极性终被消耗殆尽时，父母的所有努力都会化为乌有。

在这一点上，今夕爸的做法是非常值得借鉴的。他总是以敏锐的眼光找出女儿被忽略的优点，并以权威的姿态进行表扬和鼓励。在女儿失利时帮助分析原因，在女儿成功时绝不吝惜赞美。于是，今夕总能以更轻松、也更积极的心态迎接挑战。

“捕捉”需要花时间、费精力，不仅需要仔细观察，而且必须出手迅速。但是只要把它当作促进孩子进步的重要步骤，并坚持到底，就一定会找到契机，也一定会有所收获。

3 爱与责任

很多孩子对父母不能经常陪伴自己耿耿于怀，不是因为他们不理解父母身上承担的责任，而是在内心深处极度担心失去父母的爱。就像今夕，她希望父亲是因为“爱”才会不辞辛苦地接她，而不是仅仅因为“责任”。

在有些父母眼里，有爱就会有责任，没尽责任就不是爱。但“爱”是温暖的，“责任”则总感觉有点冷冰冰的。而这两者温度上的差别会直接影响孩子与父母之间的关系。

我无意让父母以“爱”的名义绑架孩子，但如果父母能把自己的感情表达出来，就更容易得到孩子的理解。例如，鼓励孩子努力学习时，把“考不上大学就找不到工作”变为“我希望你能自食其力，不想看到你将来后悔”。当孩子沉溺于网络游戏时，把“再这样下去你就毁了”变为“我知道你也不满意自己的状态，我们一起努力好吗？”

爱能够让孩子与父母的心贴得更近，使父母更好地尽到责任。同时，责任也是爱的理智体现，忘却责任的溺爱同样不可取。因此，如何在感情与理智中找到平衡点，是每个父母成长中的必修课。

（三）父母的引导至关重要

青春期的两难

进入青春期后，今夕总想穿漂亮衣服，但父母觉得小孩子的心思要放在学习上，不要过分注重打扮。今夕说：“我和妈妈一起逛街，她挑的衣服我不喜欢，我挑的她又不同意。最后，我总是含泪接下她买的衣服，然后再含泪穿上。”

那时爸爸只要稍微关注一下学习，今夕就会反感，说：“你怎么总问我的成绩？” 今夕说：“心情好的时候，我会主动跟他们说一些学校的事情。但如果追着问，我就不太开心。”

今夕爸说：“我当时也是两难。一方面很想问问成绩，但心中又有另一个声音提醒我不能过多关注。”今夕爸是个爱思考的人，他逐渐意识到孩子小时候听话是因为崇拜父母，现在有了自己的思想，就不一定像从前那样顺从了。所以他开始以更柔和的方式与女儿沟通，而不是硬碰硬。

疏导焦虑

今夕觉得自己心理素质不太好，很容易焦虑，只要成绩不好就会难受得不行。但是每当爸爸帮她分析了存在的问题后，今夕就会感觉没什么大不了的，心情也立刻好很多。所以，从小到大每次考砸，今夕都是靠爸爸的疏导缓过来的。每当遇到困扰，今夕也都会跟爸爸聊，他们父女之间的深度交流也就越来越多。

今夕上大学后，最初的那段时间很不顺利——先是被一个骑车的男生撞伤，打开水时又把脚烫伤了。不知如何处理学习与社工的关系，今夕又感受到自己与大城市孩子在视野上存在着很大的差距。这时爸爸对她说：“考上清华大学本来就不容易，你不需要再给自己增加压力。同时，你现在的状态就是‘苦其心志’。不要怕这些不顺利，它们总有一天会变成你的财富。”

体会到爸爸语气中流露出“我女儿还是挺好的”的潜台词，今夕心里踏实下来，于是整理好心情，继续没有顾忌地往前走。

鼓励孩子走自己的路

今夕说：“我爸看问题没那么功利，从来不把成绩出色当作培养目标，从小到大都是跟我说开心就好。小学时我尝试着报了奥数班、写作课、书法班，但是都没什么兴趣，他们也不强求。到了高中，我有了目标，自己就更加努力了，所以最重要的还是自己想要。”

高考报志愿时，爸爸建议今夕学经管，但当时她觉得经管比较“虚”，于是报了建筑系。今夕说：“现在学了4年后，我发现建筑也有务虚的成分，但当时我就是用这个理由说服了爸爸。”可见，凡是涉及未来的选择，父母只会给女儿建议，最后的决策权还是在今夕自己手中。

在大学里，今夕发现很多同学都“刷学分”，而她却不会因为“学分绩”低而不去选修一门好课。就这个问题与爸爸交流时，爸爸对她说：“不要因为大家都觉得好，你就也要去做这个事。拼死拼活得来的，或者能够立竿见影获得好处的东西，并不一定是好的，因为它有可能导致你走偏。没有必要为此牺牲你的长期发展，人还是要把眼光放长远比较好。”

1 克制好奇心

孩子进入青春期后，或者当他开始有自己的小心思、小秘密时，父母对孩子也充满了好奇。想知道他喜欢什么？跟谁最要好？会不会被欺负？有没有早恋？然而，面对父母锲而不舍的盘问和搜查，孩子往往会采取躲避的态度，不是避重就轻、闪烁其词，就是索性关上房门，甚至紧闭心门。

真正想控制孩子、束缚孩子的父母并不多，大多数人只是觉得孩子不像小时候那样爱与自己讲话了，担心他遇到解决不了的困难，想像小时候那样了解他、帮助他。但是孩子并不希望别人窥探自己的内心，总是在彼此间竖立一道玻璃幕墙，与父母保持若即若离的关系。

这个时期的孩子其实很希望有人分享自己的心情，但又担心因为幼稚的想法被嘲笑，或因为不成熟的见解被轻视。同时，他们也想在心中保留一个完全属于自己的空间。就像今夕所说：“我会主动跟他们说一些同学和学校的事情，但如果追着问，我就不太开心。”因此，父母只有做到克制自己的好奇心，不打断、不追问、也不评论，孩子才有可能无所顾忌地向父母尽情倾诉。

很多事情都是习惯成自然。当父母养成了耐心倾听的习惯，孩子也就形成了愿意倾诉的习惯。时间久了，孩子的秘密越来越少，父母的好奇心也就会越来越淡。

2 走适合孩子的路

今夕爸说：“不要因为大家都觉得好，你就也要去做这个事。”所以虽然不少同学都上课外班，今夕仍然按自己的节奏学习；虽然很多同学刷学分，今夕仍然坚持选自己喜欢的课。

几乎所有城市里的父母都会面临同样的困扰：让孩子在业余时间补课以提高学习成绩，还是鼓励他花更多的精力培养综合素质。这个问题要因人而异：如果补课对孩子来说效率更高、收益更大，当然可以抽出一部分时间补课；但如果发现补课效果并不理想，就不如培养综合素质对孩子的帮助更大。

每个孩子都拥有独特的性格、头脑、思维方式和身体素质，因此终将走向独特的发展方向。这也是为什么不能照搬别人成功经验的根本原因。仿制永远比创新省力，然而独创才更具价值。虽然在现有教育体制下，脱离学校教育和考试机制并不适合普通人，但尽可能顺应孩子自身的特点，让他走出独特的人生仍然是可以实现的。

无论哪个孩子，只要走的是正道、是向上的路，都会看到属于自己的一片朗朗天空。因此，孩子能够走多远，在一定程度上取决于父母能够想多远。

五、积极的关注，带给孩子重新振作的希望

清华学子家庭成员

妈妈：阿花

爸爸：阿辉

儿子：喜鹊（化名）

扫描二维码
听原声采访

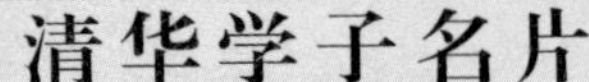

清华学子名片

小学： 四川省攀枝花三十一中心小学

初中： 四川省攀枝花外国语学校

高中： 四川省成都外国语学校

本科： 清华大学机械系

爱好和特长： 羽毛球、游泳

初中阶段所获奖项： 全国初中数学联合竞赛一等奖、全国初中应用物理知识竞赛二等奖等

好好学习，天天向上。

喜鹊自述

小时候可能因为太淘气，父母总是批评我。小孩子犯错，多为无意之举或率性而为，所以简单批评是不行的，还是要引导。如果我做什么都不对，就只能通过叛逆吸引大人的眼球了。

离家出走事件之后，我能够明显感觉到妈妈的改变和进步。她愿意听我说话，对我也没那么苛刻了，我还常常能从她那里得到支持。我与父母的交流越来越多，也越来越深入。之前我心里总是很压抑，后来就慢慢地开朗起来，也喜欢笑了。

我特别感谢父母经常陪我逛书店，爸爸还把年休假都安排在寒暑假，和我一起看书、谈心得。在学习上，他们从来不对我提出要求，即便成绩不好，我也从没因此挨过打。我自己没什么远大的目标，只是想通过努力达到尽量好的程度。这个内在动力对于我的学习积极性起到了至关重要的作用。

（一）清醒与决断力让孩子脱胎换骨

不及格与“多动症”

刚上小学那两年，喜鹊学习成绩特别不好，经常考20多分。有时他用零食换取同学帮忙写作业，父母感觉儿子不傻，问他为什么不自己写。他说：“我都会，就是不想写。”喜鹊妈就告诉儿子：“作业必须自己写。”喜鹊听了认真地点点头：“哦。”

老师向喜鹊父母反映他上课不好好听讲，经常做小动作，或者与附近的同学说话，可能有“多动症”。父母问儿子为什么不认真听课。他说：“简单的问题反复讲，烦死了！”喜鹊妈就给儿子买了个画本，告诉他不想听课时就画画，不要影响别人。

淘气惹事

男孩子到了“七八岁狗都嫌的年纪”，喜鹊也变得特别调皮。有一次，邻居发现自家锁眼儿被小树枝卡住了，就怀疑是小偷报复。直到有一天，单元里所有家的锁眼儿都被堵了，大家就组织轮流盯守，这才发现是喜鹊趁大人中午睡觉时干的。

被父母和邻居抓住以及随之而来的批评、教训，并没有让喜鹊变得懂事、听话。他仍然不是往邻居放在过道的蜂窝煤炉上炖鸡和排骨的砂锅里放沙子，就是用小棍或甘蔗敲汽车的车窗，有时父母甚至被派出所叫去调解。

那时候，喜鹊妈天天为儿子操心，管他、训他。谁知喜鹊却向邻居奶奶哭诉："这个妈妈不是我亲妈，她不喜欢我！"结果气愤的邻居奶奶跑到家里质问喜鹊的父母："你们为什么不对孩子好一点？"

上网成瘾

喜鹊开始上网是在同学家里，后来他们又一起去网吧。他认为那是集体活动，慢慢形成了习惯。再之后，被网络游戏中的闯关、装备所吸引，就越来越上瘾了。

小学五年级时，喜鹊有半个月没上学。喜鹊妈无意间听其他孩子说起时还不相信，急忙跑去学校一问，老师也说他好几天没去学校了。当时，他们所住的家属区遍地网吧，喜鹊爸妈一家家地进去看，终于找到了儿子。喜鹊为了上网的事没少挨打，小升初自然考得一塌糊涂。

后来喜鹊的父母分析了儿子经常惹事和迷恋网络的主要原因：一方面是没有将他充沛的精力引入正轨；另一方面是没有对他的日常花销进行监控和约束。于是，他们给儿子周末安排了各种体育课外班，跆拳道、游泳、羽毛球，只要喜欢就让他去。同时把原本可以随意取用的钱收起来，阻断财源。他们还让喜鹊多与不喜欢上网的孩子玩，并在家中营造全家学习的氛围。就这样，喜鹊的状态开始慢慢好转。

小学复读

小升初时，喜鹊考上的是一所普通寄宿初中。一个学期还没结束，他就"早恋"了。再加上学校对学生要求很低，喜鹊妈觉得儿子再这样下去就要废了。这时，朋友建议喜鹊妈让儿子复读小学，再参加一次小升初考试。她觉得是个办法，回家商量时喜鹊爸却不同意：“没听说小学还有复读的！”

喜鹊期末放假后，妈妈让他去找考到外国语学校的同学玩。回家后，他喋喋不休地对妈妈说：同学告诉他那所学校的老师好、伙食好，学校还经常组织活动，自己心里很是羡慕。然后喜鹊妈找了个时间，两人面对面、郑重其事地坐好。喜鹊妈问儿子：“你想去外国语学校吗？”喜鹊立刻兴奋又疑惑地问：“想去就能去吗？”妈妈说：“有一个方法，就是再读一次五年级。但前提条件是你不能再像现在这么上学了，自己要努力！”喜鹊郑重地点点头：“好！”

在复读的那个学期，喜鹊真的变了。以前，父母在客厅看电视时，会把儿子的房门关上。每到这时喜鹊总是说：“你们关门吧，我听得见！”复读时，他对父母说：“你们不用关门，我不看也不听电视了。”而且那段时间，喜鹊的父母很少出门或看电视，总是拿本书在房间里陪着他。

经过专注而努力的学习，第二次小升初考试时，喜鹊总分全市第三，数学全市第一。

1 “淘气”是常态，也是机遇

人们总会对“学霸”的父母投去羡慕的目光，认为他们一定特别轻松、省心，但实际情况却是“家家有本难念的经”。可以说，几乎没有孩子会一帆风顺地长大，只是遇到的风向和风力有所差别。

经常有人说：“这孩子小时候特别调皮，根本想不到后来这么有出

息！”其实，成才远没有旁观者想象的那么顺理成章、易如反掌。在这些孩子磕磕绊绊的成长过程中，他们的父母付出了比别人更多的心血，并拥有不抛弃、不放弃的决心。

即便有些孩子表现得像个小大人，没有他不明白的道理，然而他的内心仍然是懵懂的，并不能真正理解其中的深意。因此孩子的每一次犯错都给了父母说规则、辨真伪的机会，孩子的每一次闯祸都让父母有了讲道理、明方向的可能。

为了让儿子懂事，喜鹊的父母总是想尽办法给他摆事实、讲道理，绝不找借口放任不管，无论如何也要让他走回正道。应该说，喜鹊的父母为儿子如今成为对社会有用的人才，起到了决定性的作用。所以，只要有原则、有方法、有感情、有坚持，父母的所有付出必然有收获，孩子的发展也会出乎父母的预料。

2 “开窍”不能坐等

让儿子复读小学，是喜鹊妈的非常之举。而她费尽心思激发喜鹊对新学校的渴望，才是事态逆转的根本原因。

以喜鹊经常闯祸又上网成瘾，常规管教手段已经收效甚微的现状，如果没有发掘内在动力的契机，想让他产生脱胎换骨的改变是非常困难的。更何况喜鹊这样心思灵活的孩子，很容易看透父母的真实想法。如果父母的提议不是顺应自己强烈的内心需求，他绝对不可能积极地响应与配合。

就像在众多的高考复读生中，真正改变以往懈怠状态、转而奋发图强的孩子并不多。一个人成功的关键不是拥有比别人更多的机会，而是他是否找到了情愿为之付出时间和汗水、牺牲娱乐和享受的目标。我们一般把这种状态称为“开窍”。

一个孩子“开窍”的时机非常难以预料，但这并不意味着只能坐等。在陪伴孩子的过程中，父母可以观察他的兴趣、体会他的感受、理解他的情感，再加上适当的提醒和引导，就一定能帮孩子找到努力的意义和价值，使他在最恰当的时机“开窍”。

（二）勇于反思与自我提升

心理学博士的提醒

喜鹊小学三年级时，父母送他参加了军事夏令营。到那里的第一天，他就好奇地摆弄头次见到的密码行李箱，并且连续打开了两三个。恰好路过的一位心理学博士后来对喜鹊妈说：“你要好好培养这个孩子，保护他的好奇心和对数学的敏感。”

喜鹊妈从不认为儿子特别聪明，只是觉得他爱琢磨、做事认真、领悟能力比较强，但这位心理学博士的话却给她提了个醒：这个孩子好好引导，可能成为人才；但如果教育不当或受到不好的影响，长大后就可能对社会产生破坏力。

有一次，喜鹊妈看到儿子书包里放着一本巴掌大的书，翻了翻才发现他的很多恶作剧都是从这里学的。后来她就特别关注儿子与同学之间交换的书和光盘，一旦发现包含暴力、黄色或其他不健康的内容，都坚决禁止。

同时，喜鹊妈开始有意识地提高自己的家庭教育水平。她订阅了《父母必读》杂志，学习里面的教育方法和解决问题的技巧。每当遇到解决不了的难题，她还会第一时间向当教师的朋友请教。

不打麻将

儿子上初中后开始住校，喜鹊妈平时没事时，就经常和住在附近的同事打麻将，周末玩的时候也不避着孩子。那段时间喜鹊在学校总是捉弄别人或与同学打架，父母免不了要被请到学校，有时一家三口在办公室站成一排被老师训。

次数多了，喜鹊妈开始琢磨原因，后来她得出结论：孩子的表现都与家长的状态有关。她说："那时我们就像蚂蚱一样，整天东跳跳西跳跳，有时还开车带着孩子们到不同的地方打麻将。在这种情况下要求孩子专心学习，根本不现实！"

为了孩子，喜鹊妈下决心在学校附近租了房。因为新的住处离原来的家属区比较远，她也就渐渐远离了麻将。同时，喜鹊可以每天回家住，父母也能更多地关心儿子，一家人比以前更加安静、平和。

离家出走起因和背景

初二时有一次同学过生日，喜鹊要求在同学家过夜，却遭到了父母的断然拒绝。当天他没有坚持，周日参加同学聚会后，晚上却没有回家。

喜鹊说："离家出走的事，只是个导火索。因为积压在我心里的感觉是'父母可能不那么爱我'。除非达到他们的要求，否则我很难从他们那儿得到支持。"

例如，上幼儿园的时候，只因为会背乘法口诀，父亲就要求喜鹊学乘除法，做错了还用木尺打他的手板。可能因为喜鹊小时候太调皮，妈妈有时气急了就说要跳江。喜鹊当时理解不了妈妈的心情，只是觉得她宁可放弃生命都不愿意接纳他。所以他对父母一直怀着畏惧和抵触的心态，不太愿意单独和他们待在一起。那时，喜鹊心理上没有安全感，也不知道能依靠谁，内心感觉很压抑。

长大之后，喜鹊才越来越意识到：只有家人之间交流舒适、自然、安全，孩子处于相对稳定的心态，才有精力去处理自己的事情，他的能力才可能稳定地表现和发挥。

离家出走引起的转变

喜鹊当天晚上住在了同学家，第二天却没有与同学一起上学。好在喜鹊从小就爱看书，周末还经常拿着父母准备的午饭和水在新华书店待一整天，所以父母很快就在他常去的书店找到了他。

虽然儿子安然无恙，喜鹊的父母却开始反思。他们认为事情出在孩子身上，原因却在家长。喜鹊妈说："以前我认为自己是家长，我冒火儿子就得听着，而且必须开开心心地听，不能给我脸色看。儿子觉得我们不理解他，才会一声不吭地离家出走。"

从那之后，喜鹊家制订了一个新规矩：谁发脾气了，对方就要在唇边竖起一根手指提醒，这时发脾气的人必须道歉。有一次，喜鹊对爸爸说："爸爸，你道歉的态度不够真诚，重新来过！"喜鹊妈还觉得自己经常将老师的批评原封不动地传达给儿子，结果总搞得大家不开心。从那以后，凡是老师因为过于追求分数而吹毛求疵的批评，都被她忽略了。

对于父母来说，只是控制自己不发脾气以及少批评，但从儿子的角度，却好像整个天空都明亮起来。

常年出差的爸爸

喜鹊爸在儿子的教育上花了不少心思，但是因为经常出差，与儿子的交流不够，使得喜鹊每当与爸爸单独交流时，总会不自觉地产生距离感。

喜鹊说："我觉得他那时很少有机会和我在一起，周末回来又想享受当爸爸的权利，就免不了总是指导我。他肯定是为我好，但是那时我意识不到，认为他总是挑我毛病，然后就跟他杠上了，跟他吵。"

同时，喜鹊认为也是这个原因让自己比较欠缺男性社会身份的经验。他说："上大学后与女朋友相处，我有时会很迷茫，不知怎样担负起男人的责任。所以我会通过读书和观察身边人的行为习惯，建立自己的男性社会身份。"

延伸思考

1 父母的反思与改变给孩子机遇

当孩子出现问题时，有些父母总觉得他是受到了外界不好的影响，却不会反思自己。但没有反思，就很难找到症结所在，更谈不上从根本上解决问题了。例如，在喜鹊离家出走事件中，如果父母认为儿子是受了同学的挑唆，就会要求他远离那些孩子，而不会想到自己的态度才是导致他爆发的根本原因。

推卸责任是人自我保护的本能，这种思维方式很容易使父母减轻自己的心理压力，放心大胆、居高临下地教育孩子。但问题不仅不会因此消弭，内在压力不断积聚甚至会引致更严重事件的发生。

同时，反思重要，行动更重要。如果没有父母的改变，只单方面希望孩子洗心革面或改弦更张，效果不会明显，更不会持久。就像喜鹊的父母，假如因为放不下架子而没有改变与儿子的交流方式，喜鹊就会一直心怀对立情绪，后面的发展也就可想而知了。

成人的成长大多源于自我觉醒，孩子的成长机遇则更多依赖父母。所以对于父母，反思和改变绝对不是可有可无。这样做不仅有益于自我完善，更是引导孩子走正轨、上台阶的重要契机。

2 适合的才是最好的

在学习上超于常人的孩子，都会成为父母手心里的宝，会承载家庭的希望。就像当喜鹊爸看到儿子还没上学就会背“小九九”时，一定非常欣喜。相信也正是在这样的心态下，他才会以更高的标准要求儿子，希望挖掘出他更大的潜力。

孩子的早期深度智力开发需要专业人士的指导，否则很容易变成“揠苗助长”。因此，喜鹊爸在儿子上小学后，没有对学习成绩提出要求的做法，在很大程度上缓解了高要求转化的高压力，没有对喜鹊的求知欲造成长期不利影响。

在能力范围内适当提高要求，符合孩子的成长规律。但现实中，有些孩子因为聪明或成绩好，使得父母相信“人有多大胆，地有多大产”或者“不是做不到，而是想不到”。但他们却没想到这样的一厢情愿，会让孩子因为永远无法实现父母一再提高的目标，反而变得懒惰和厌学。

挖掘孩子潜能的办法有很多，学习成绩并不是体现能力的唯一途径，也不是孩子发展的唯一方向。对于学有余力的孩子，父母可以在适当增加难度、广泛拓展兴趣以及参与社会活动中选择更适合他的方式，以满足他的个性化需求。如此顺势而为的做法，对孩子的长远发展才更为有利。

3 对聪明孩子的引导不容忽视

我们所处的社会对于聪明孩子比较宽容，哪怕是明显不符合道德规范的行为，也会睁一只眼闭一只眼，因为人们普遍认为“孩子大了自然会懂事”。

但如果父母存了这样的想法，不对孩子的行为进行约束，那么凭借智力高、能力强的优势，孩子走上歧途的可能性会比普通人高很多。这也就是喜鹊妈认为“如果教育不当或受到不好的影响，孩子长大后就可能对社会产生破坏力”的原因。

很多人认为那些要求和规矩都是为了保证孩子的学习，因此成绩好的孩子不必样样严格遵守。还有些人认为“瑕不掩瑜”，与学习成绩比起来，其他缺点和毛病都无足轻重。在这样的心态下，“好成绩”成了这些孩子的“护身符”。

对于成绩不好的孩子，父母总会盯着他的一举一动，这让他的缺点无处遁形。父母还会把这些缺点挂在嘴边，让他无法忽视。但是对于成绩好的孩子，这些提醒与监督会弱化很多，甚至像茶余饭后的谈资一样不值一提。如果父母形成了这样的思维定式，即便孩子的行为超出底限也不坚决制止，反而调低自己的要求，那就是纵容了。

因此对于聪明孩子，父母更要经常提醒自己作为监护人和教育者的职责，引导孩子守规矩、走正路。

（三）关注内心感受助孩子渡过难关

“我好寂寞哦！”

喜鹊上小学一年级时，外公外婆到家里小住。晚上把他安顿上床后，大人们分别回到自己的房间。喜鹊的父母边聊天边准备休息，忽然隐约听到儿子的房间里有抽泣声。喜鹊妈说：“是不是儿子哭了？”喜鹊爸说：“不可能！今天没打他、也没骂他，怎么会哭呢？”

喜鹊妈还是不放心，走过去一看，儿子真的在哭。妈妈问："你为什么哭呀？"喜鹊哽咽着说："我好寂寞哦！"妈妈又问："寂寞啥呀？"他说："外公和外婆在聊天儿，你和爸爸在聊天儿，没人陪我睡觉，没人陪我聊天儿！"喜鹊妈说："那时我突然意识到不能再把他当小孩子了，也不能忽略他的感受。"

极度不适应

喜鹊中考时，从市重点考到了省重点的实验班。对于在学业上可能面临的困难，喜鹊自认为做足了思想准备。他最初觉得自己在班里可能会处于中等或中等偏下，可是开学后的第一次数学考试让他意识到自己还是过于乐观了。满分150分的考试，他只得了60分，而班级平均分是120分以上，数学老师甚至担心他上课听不懂。

遭到这样的打击，喜鹊并没有对父母讲。他说："根据我以往的经验，只要自己努力就一定能追上。而且父母离得远，帮不上什么忙，他们的过度关心还会给我增加压力，所以就没有向他们寻求帮助，每次打电话时总是说'挺好的'。但是从结果看，我低估了父母、高估了自己。"

在50个学生的班级中，只有3个非成都的孩子，所以喜鹊很难快速融入集体。英语课的全英文教学也是从没经历过的，让他感到很不适应。同时，本地学生可以回家过周末，而他只能孤独地待在学校。再加上成绩不理想，喜鹊的内心越来越压抑。

第一次家长会，喜鹊妈去的时候原本是开开心心的，她想象儿子应该和以前一样总是笑眯眯的，像只快乐的小鸟，所以当她发现喜鹊表情茫然还以为是两个月后初见的不适应。但是只聊了一会儿，她就很快从儿子的谈话内容、语气和表情中感受到了他的不快乐。

每周奔波只为他

看着儿子不开心，喜鹊妈心里也很难受。回家后她向朋友倾诉了孩子的情况和自己的担心，朋友立刻建议她每个周末都去成都陪儿子。喜鹊妈说："我根本不懂高中的功课，过去能做什么呢？"朋友说："你不用做什么，只是陪他就好。"

喜鹊妈的性格属于风风火火的那种，她认为朋友说得有道理，周五晚上便坐上火车直奔成都。从他们居住的攀枝花到成都有600多公里，火车绕山钻洞要开一夜，喜鹊妈就这样每周往返了将近三年。

早晨下了火车，喜鹊妈总是先去菜市场采购，然后回到租住的房子准备饭菜，下午去学校接儿子。喜鹊妈其实很想在这短暂的一天里与儿子多聊聊天，但如果儿子说 "我今天好累，不想说话"。她也就不再追问。最迟第二天，喜鹊就会主动把自己的烦恼讲给妈妈听。

喜鹊说："高中时，妈妈每周都去成都陪我，我真的特别感动。我妈来了以后，其实并没给我实质性的帮助，但因为有了初中阶段的感情基础，我很愿意向她倾诉。我妈在感情上完全支持我，没有给我任何压力，反而在很大程度上减轻了我的思想负担。妈妈说，她对我的成绩没有要求，只是希望我努力，过得开心就好。开始我觉得妈妈只是说说而已，心里肯定还是有所期望的。但经过反复多次交流，我终于意识到妈妈说的都是真心话。而且我每次跟她说话时，她只是静静地听，从来没有不耐烦，也从来没有因为成绩不好批评过我。"

彻底缓解心理压力

虽然父母没有给喜鹊压力，但他对自己还是有所期望。一旦达不到心里的目标，他就会感觉特别失落。为了让自己更快地恢复积极而快乐的状态，喜鹊还求助过学校的心理辅导老师。老师对他说：“你进了这所中学，在升学金字塔中至少是在第二梯队。你所在的是最好的班，所以出来肯定是第一梯队，不会再差了。同时父母对你的成绩没有要求，你也就没有给自己压力的必要。”

喜鹊认为老师的辅导很专业，除了帮他分析问题的本质外，还进行了有针对性的疏导。按照老师的建议，他每周做一次咨询。一个月后，他明显感到自己的状态稳定不少。

喜鹊说：“在那之前，我一直是‘蒙’的状态。看不到方向，只能烦恼地向前摸索。后来，这种无压力的状态让我特别放松，对成绩的提高也起到了至关重要的作用。”

例如，上课时有个地方没听懂，如果心理压力大，喜鹊就会发慌，总是想“我这里听不懂，后面也会听不懂”，然后想到一系列恶性后果；如果没有压力，喜鹊会觉得这里听不懂，后面可以继续听，下课再去问老师、问同学，都可以解决。所以心态调整好后，喜鹊接受知识的程度、理解和应用的能力都会提高很多。

再如，写作业的时候，如果心理压力大，喜鹊就会走神，还会胡思乱想。虽然意识到会及时收回思路，但这种情况频繁出现，学习效率就会非常低；没有心理压力时，这种走神频率会降低。即使有走神，恢复的速度也很快，高水平的集中度会保持更长时间。

高考冲刺的波动

临近高考时，班里一些同学拿到了自主招生的加分。他们放松而略显浮躁的心态影响到了喜鹊。喜鹊妈觉得这时最重要的是让孩子保持状态平稳，于是她一方面与老师进行沟通，另一方面让儿子晚上去人少的教室自习。

过了些天，即第三次模拟考试。刚考了一门，喜鹊妈在攀枝花的家里就意外接到了儿子的电话："我感觉心情很烦躁，考不下去了，想去青城山住一个星期。"喜鹊妈说："好，我现在就坐火车过去。你愿意考就继续考，不考也行。"

喜鹊说："那时我的身体和心理都到了临界点，快要撑不住了。那段时间不想上课，不想写作业，就想睡觉，但学校的节奏不允许我这样。"

后来喜鹊还是完成了考试才向老师请了假，和妈妈一起出发。一路上，除了吃和玩，喜鹊什么都没说，妈妈也什么都没问，两人都很开心。第三天妈妈又陪儿子去了都江堰和三道堰，然后喜鹊对妈妈说："我心情好了，咱们回学校吧。"

高考时，裸考的喜鹊情绪稳定、放松，如愿考入了清华大学。

1 寄宿的孩子需要特别关注

我不赞成以培养孩子自理能力和独立性的名义送孩子寄宿学校。因为如果父母有信心、有方法，完全可以在家里把孩子培养成一个心智健全、能力均衡的社会人。更何况，长期形成的空间距离和情感距离，使得孩子在遇到挫折和坎坷时，无法或不愿在第一时间向父母倾诉。而不能及时缓解的内心压力经过长时间积累，可能会使寄宿的孩子比同龄人更容易出现心理问题。

但是出于各种主观和客观原因，还是有不少父母不得不送孩子寄宿。此时，喜鹊妈的做法非常值得借鉴。在发现孩子遇到困难、情绪不佳后，

她敏感地意识到了问题的严重性，第一时间决定每周都坐火车去陪儿子，并且一直持续到他高中毕业。这样的决断力和行动力，以及没有压力的关心，使得喜鹊顺利地渡过了心理难关，让他一身轻松地调整心态、迎接挑战。

对于实在没有条件陪伴孩子的父母，与孩子通信也是一个不错的办法。父母在信中，可以给他支持与鼓励，也可以分享收获与感悟。孩子在信中，可以诉说心中委屈，也可以发泄不满情绪。这样的情感互动，能让父母与孩子的心贴得更近，彼此的沟通更加有益、高效。

父母不能想当然地认为孩子可以像成人一样承受压力，更不能认为孩子不跟自己哭诉就没有什么可担心的。对于未成年的孩子，父母对他心态和情绪变化的敏感体察与适当干预，是亲情所系，也是责任所在。

2 不聊学习才是真解压

对于希望通过给孩子解压达到稳定或提高学习成绩的父母来说，孩子的抵触与烦躁总是让他们不知所措。殊不知，这正是孩子对父母的真实想法而非表面行为的自然反应。

父母看到孩子压力太大时，也会说服自己不要太看重成绩，但内心深处却从未放下对孩子的要求和期望。当这些言外之意和潜台词被孩子的“第六感”捕捉到时，父母的所有劝慰和关心都会被看作言不由衷或别有企图，消极情绪也就随之而来。

很多父母对此非常困惑：自己对孩子有所期望不应该吗？难道对孩子采取完全放任的态度才对吗？但其实矛盾的焦点不在于父母的想法，而是影响力。在孩子心中，父母的期望重于一切；同样地，父母的失望也重于一切。孩子最担心的就是父母提出自己达不到的要求，由此产生的对抗情绪也只是下意识的自我保护而已。

在某种程度上，父母的目标很容易成为干扰，为自己的目标努力则更加纯粹。就像当喜鹊反复确认妈妈对自己没有更高要求后，身心放松的他反而学习效率更高、效果更好。

不主动与孩子聊学习，不应只是解压技巧，更应该是生活态度。因为与成绩相比，孩子作为“人”的属性更重要。也只有孩子作为“人”受到父母的认可与尊重时，他才能觉醒，才会为自己努力。

六、注重长远，孩子会逐渐变得从容

清华学子家庭成员

妈妈：王颖

爸爸：刘金起

儿子：大祺（化名）

扫描二维码
听原声采访

清华学子名片

小学： 北京石景山区古城中心小学

初中： 北京市京源学校

高中： 北京市京源学校

本科： 清华大学电子工程系

硕士： 清华大学电子工程系

爱好和特长： 运动、读书、电影、手工制作

高中阶段所获奖项： 北京市优秀学生等

大学本科所获奖项： 清华大学科技创新优秀奖学金、清华大学电子设计大赛冠军、作为主力队员多次获院系篮球比赛冠亚军等

小石匠精神。

大祺自述

总的来说，我觉得父母对我的教育模式挺好。就是小时候管得多、管得严，但到了一定年龄就开始逐渐放手。我爸还特别鼓励我全面发展，支持我参加各种课外活动，引导我修练性格、规划人生。

我认为在小事情上，父母即使发现孩子做得不妥，也还是少说为妙。说多了他肯定反感，自然就不会有好的效果。例如，我上中学以后，父母只关心我中考学校的选择、高考志愿的填报和考前准备。上大学后，他们不会武断地告诉我应该怎么做，而只是在大方向上给我一些建议。

我非常理解父母对我的关心。他们不是说教，完全不会给我压力。因为他们考虑问题更长远，我当然非常重视这些建议，但最后的决策还是我自己做。所以当我遇到一些难以抉择的事情时，会主动跟他们深度讨论。

（一）从学习至上到幸福至上

得100分是应该的

大祺刚上小学时，大祺爸想："老师一个人管三十个孩子，而我只管他一个，肯定能管得特别好。"所以从一年级到三年级，他对儿子说："咱什么干部都不当，不跟别人比吃、比穿，就跟他们比学习。"

每次考试结束，大祺爸都和儿子一起分析失分原因，然后帮他找课外题进行针对性训练。大祺爸记得当时儿子说过一句话："别的孩子考了100分，家长都高兴得不得了。但在我们家，这就是应该的。" 同时，老师要求签字的作业，大祺爸一定会认真检查儿子是否完全达到了老师的要求，否则坚决不签字。

根本转变

大祺上小学四年级时，有一次大祺爸受电视节目的启发，突然觉得如果继续自己现在的做法，很容易把儿子培养成一个高智商、低情商的学究。同时，作为大国企的员工，参加"八宝山"的活动多了，他开始慢慢想："人那么争、那么拼命有什么意义呢？一夜之间就可能荡然无存。所以人的幸福感不取决于官职多高、财富多少，而是自己的内心感受。"

想通了这些，大祺爸的教育观发生了根本性改变，对儿子的要求变成了“不给社会增加负担”。他鼓励大祺当班干部、参加课外班，希望儿子心理健康、全面发展。

给学习松绑

在爸爸的鼓励下开始做班干部后，大祺的成绩有一点下降。但大祺爸觉得无所谓，他说：“人无远虑，必有近忧。有了长远的想法，就知道眼前什么对孩子更重要。”

有一次小学老师给大祺爸打电话，问大祺为什么总得不了满分。大祺爸说：“考100分干吗呀？为了考满分，他要多花成倍的时间，完全没有必要。”但同时，大祺爸要求儿子在学习上不能“瘸腿”，也会在必要的时候让孩子补课。因为他知道如果有些科目落得太远，以后根本没办法补。

那时人大附中有个针对小学生的“华校”，是当时北京最好的奥数学校。大祺的老师推荐他去考试，没做准备的他竟然被录取了。“华校”离家很远，路上往返需要三小时。大祺爸觉得太浪费时间，尽管有亲戚反复劝说，大祺也只学了一年就不再去了。

初中时，班主任不明白为什么大祺成绩那么好，却愿意留在这所相对普通的学校。大祺爸说：“我们不想让儿子压力太大。”到了高中，大祺的年级排名一般在前5~10名。大祺爸对他说：“你不掉下年级前20名就行，也不要进前5名。把精力全部都放在学习上，没有意义。”

大祺妈感叹说：“父母在孩子出生时都希望他一生健康快乐，但现在真正能将这种想法坚持下去的太少了！”

鼓励全面发展

自从父母不再要求学习成绩，大祺的业余时间一下子多了起来。大祺爸说："孩子的潜力都是无穷的。只要家长一引导，他就走得特快！"

刚上初一，大祺就给父母来了个惊吓。有一天放学回家他对父母说："我没选上学生会主席。"大祺爸不敢相信儿子居然敢去参加全校竞选，问："那你选上什么了？"大祺淡定地说："副主席。"

大祺从初中开始，凡是学校组织的活动，只要感兴趣的都参加。例如，环保知识竞赛、安徽地理历史考察、出国夏令营，他还到凤凰卫视代表北京学生参与"外地务工子女异地高考"话题的讨论。那时大祺还想过办报纸，但发现印刷特别困难，就仅仅止步于几个同学一起写了几篇文章。

从初三开始，大祺逐渐对天体产生了深厚兴趣。升入本校高中后，他成了学校天文小组的核心成员。他们经常到学校的天文台观测，组织"天文进社区"活动，参加北京天文知识竞赛，还到北京天文馆拜访馆长。学校看到他们的活动有声有色，就专门购置了新的观测设备，还特意招聘了天文系毕业的老师给他们做指导。大祺爸说："看他折腾得挺热闹，即使耽误学习，我也高兴！"

广泛阅读的收获

课余时间，大祺最爱做的事是看书。小学时，他主要在学校附近的少儿图书馆看书或借书，后来就会买自己喜欢的书、报纸和杂志，内容包括文学、历史、军事、社会、科学、传记，涉猎非常广泛。高三空余时间少，他只读了一本《诗经》，目的是使自己的作文更文雅。大祺妈说："当时班主任经常夸他知识面宽，同学有不知道的事都愿意问他。"

大祺还记得小时候看过一篇文章，里面提到"能问出好问题，比能给出好答案更重要，所以爱问问题的孩子最聪明”。大祺说：“我当时感觉能问出好问题很牛，就慢慢养成了这个习惯。上课时，老师每教一个知识点，我就会想为什么是这样啊？这样，即使没提出问题，也会让自己听课时注意力更集中。”

大祺妈的想法

大祺妈说：“我觉得儿子能发展到今天，他爸下了很大功夫。父母之间在教育孩子时会有冲突，如果两人一起管，孩子也不知道要听谁的。管孩子挺费心思的，既然他管得挺好，我也就习惯了。”

1 四年级现象

在采访清华孩子的过程中，“四年级现象”屡次引起我的注意。多位父母都是从幼儿园时期就开始严格培养孩子的学习习惯和上进心，却在四年级时出于不同的原因放弃了对成绩的执着。结果就是，孩子不仅学习一直保持稳定，而且与父母的关系也长期亲密、和谐。

这些经验给我们两个启示：一是四年级之前，父母对孩子一定要严格要求。孩子在最初几年受到的训练很容易养成习惯，而习惯一旦养成就很难改变。所以，不仅孩子的整个学生时代会因此受益，父母自己也会因此轻松很多。二是四年级的孩子开始进入前青春期，父母如果还保持之前的高压态势，孩子就会逐渐积累不满情绪和抗拒心理。不仅教育效果会越来越差，亲子关系也会变得越来越对立。

当然，四年级之后的放手，并不意味着父母从此对孩子不闻不问，而是要把注意力从学习成绩逐渐转向身心健康和全面发展。大祺爸鼓励儿子多承担学校责任和参加社会活动，还有些父母更关注孩子的情绪变化和心理健康。父母以这样的心态培养出来的孩子，往往在学业上更有潜力，在未来的职业发展上也更值得期待。

2 幸福观的坚持

幸福是什么呢？在我看来，人的幸福感完全来源于内心，也就是："我喜欢、我追求，所以我幸福！" 但是喜欢什么、追求什么，并不是孩子坐在屋里就可以想出来的，而是需要他亲身尝试和探索。虽然不是每一种尝试都会成功，也不是每一次探索都有结果，但如果没有这些经历，即便考上了好大学，找到了好工作，孩子仍然很难懂得自己需要什么，很难获得幸福感。

就像大祺妈所说："父母在孩子出生时，都希望他一生健康快乐，但现在真正能将这种想法坚持下去的太少了！"这样的情况之所以普遍存在，除了社会的压力以外，很多父母认为"只要获得一份好工作，孩子就能得到幸福"也是重要的原因。而这其中最大的问题就是：这是父母的想法，而不是孩子的。

从某种意义上讲，孩子能否幸福，很大程度上取决于父母是否给了他必要的自由时间和空间投入兴趣、爱好和修身养性，让他有机会认识自己、发现自己。

最终，只有认为孩子内心的幸福感高于一切的父母，才能抗得住眼前的竞争压力，不被铺天盖地的各种信息与诱惑所困扰，坚持走自己的路。而孩子则将幸运地获得寻找属于自己的幸福之路的机会。

3 综合素质怎么培养

大祺从初中到高中，作为普通成员参加了学校组织的很多活动，也策划和发起过不同类型的项目。这些活动和项目有些获得了很大的成功、很好的评价，也有些平平淡淡，或不了了之。那么是不是只有成功的、获奖的，作为核心成员的活动，孩子才会有所收获？那些失败的、默默无闻的，或者只是承担“打酱油”角色的活动，孩子参加就是浪费时间呢？

很多时候，失败教训比成功经验更让人印象深刻，也会给孩子更多启迪。同时，观察一个人是否具有现代社会不可或缺的合作精神，领导能力只是指标之一，更重要的是看他是否具备踏实工作和配合别人的能力。由此看来，只要参加活动，只要认真投入，孩子就一定会获得经验与锻炼。

因此，父母在培养孩子的综合素质时，应尽量避免过于计较活动的影响、胜算和孩子担负的角色，而应更重视孩子的兴趣和意愿，以及引导他经常对过程和结果进行总结和反思。否则，孩子很容易养成投机取巧或追名逐利的思维模式，从而背离在活动中学习知识和锻炼能力的初衷。

（二）抓大放小赢得孩子信任

逼孩子离家出走

大祺上幼儿园时，新闻里经常有关于小孩子离家出走的报道。那时大祺爸发现儿子有的时候很不听话，怎么说都没有用，甚至开始要挟父母，他很担心儿子将来也会出现这个问题。想了很长时间，夫妻俩终于决定配合演一场戏。

一个周末，先是爸爸在午饭前找了个理由向大祺发火，并且对他说：

“你自己出去生活吧！”接着把他赶出了家。看见爸爸关上了家门，大祺只好下楼走了。然后夫妻俩扒着窗户往楼下看，发现他走了一会儿就开始往回蹭，又过了一会儿就上了楼。妈妈估算时间差不多了，就出去把他叫回了家。爸爸问：“你平时经常把玩具枪给小朋友玩，现在没饭吃了，怎么没人叫你去吃饭呀？”大祺低着头，半天也不说话。父母看他确实受到了触动，这才放过他。

大祺爸说：“我可能不是一个好家长，但我是一个愿意动脑子的家长。我就是想给他打个预防针，让他提前体验一下离开父母的感觉，没地方吃饭的感觉。”

大祺妈说：“时间久了，儿子对这事儿慢慢淡忘了。我们有时候会特意提起来，就是为了告诉他：即使走了，在外面没有依靠，最后还是得回来找父母。”

防止“翘尾巴”

小学时，大祺的学习成绩一直是年级前3名，而且因为上小学前就开始学剑桥英语，英语成绩一直很好，他总觉得自己特“牛”。所以当老师反映儿子有时候“发飘”、不认真时，大祺爸就琢磨着如何打压他一下。

当时中央电视台少儿节目招聘英语主持人，大祺爸就让儿子报名参加。第一、第二轮大祺都顺利通过，但是参加培训后再选拔时，他被淘汰了。祺爸此时心里暗爽，感觉终于有了教育儿子的机会，就对他说：“就你这水平，总觉得自己怪不错的，其实在北京你连前20名都排不上，也就是在区里穷‘牛’一下。”

治住游戏瘾

和大多数男孩一样，大祺从小学高年级开始玩游戏上了瘾。那时大祺爸给儿子定的规矩是：每星期玩一次，每次半小时到一小时，想要增加可以商量。

有一次父母外出回来，看见儿子身子躺在床上呼呼地睡，旁边的计算机却开着。大祺爸脾气上来了，罚儿子站了好长时间。大祺气得不行，说："我明天没法儿上学了！"大祺爸说："那我不管！除非你的反省让我感觉你认识深刻，而不是糊弄我。"

这事没过多久，大祺又开始偷着玩。大祺爸让儿子给老师写检查，可是还不行，他就又想了一个办法。大祺的自尊心很强，大祺爸就让儿子写张纸条贴在屏幕上"如果再偷玩电脑，就在全校学生面前做检讨"。最后大祺爸就是靠这个招，把儿子的网瘾扳过来了。

大祺爸说："孩子为什么听我的呢？因为我跟他说之前要琢磨好久，得想办法把他说服呀！"

小生意和小捣乱

大祺爸特别不想把儿子培养成为一个听话的"小绵羊"，对于老师反映的情况，只要不是原则性问题，绝不会过多约束。

三年级的时候，大祺在家长会上被老师"不点名"批评了一下："才小学三年级，就买卖东西，是不是想当小奸商呀？"大祺爸知道儿子前段时间从附近的市场以每支6毛的价格"批发"了不少笔芯，然后再以每支8毛的价格卖给同学。他觉得孩子有这个头脑没什么不好，也不违反学校的规定，回去就没有批评儿子。

大祺是个活泼好动的孩子，老师经常跟大祺爸说他爱捣乱。小学时，只要在关键时刻被老师批评，就肯定评不上“三好生”。初中时，有一次老师又向大祺爸反映，大祺在英语课上做物理作业，然后说：“你怎么不管管你儿子？他如果生病一天，班里可安静了，我们都特别高兴。”大祺爸听了很不高兴地说：“老师，你怎么盼我们家孩子生病啊！”

大祺说：“长大以后，我爸只管我原则性的问题，比较小的事情就不管了。所以我总体上感觉比较舒服，没有被管束的感觉。每次跟父母意见不同时，我只要多想想就会觉得他们的分析确实有道理、有价值。他们年龄大、见识多，考虑问题确实比我更全面。”

1 “放小”才能“抓大”

很多父母都希望孩子样样出色、人人称赞，即便孩子做不到，也绝不降低要求。然而如果孩子意识到无论自己多么努力，都不可能得到父母的肯定，或者总是有更多难以企及的目标，就会表现出不是索性放弃，就是对父母避之不及。

既然人无完人，既然人的精力是有限的，既然过多要求会损害亲子关系，那么父母必须要有所取舍，原则就是“抓大放小”。

什么是“大”呢？我认为应该是法律规则、道德规范、家风家规以及风险隐患。而除此之外的个性、习惯与细节方面，父母则可以适当降低关注。如此一张一弛的管理方式，会使父母的精力更集中，孩子的目标更明确，也会减少父母与孩子的冲突。

很多时候，父母“抓大”时从不会吝惜投入，“放小”却总是心不

甘、情不愿。但是，大祺爸的做法证明：“放小”会使孩子对父母更加信任，更加愿意接受父母在重要问题上的意见、管理和约束，“抓大”的效果就会更好。

2 未雨绸缪

我经常遇到这样的情况：只有当孩子发生了辍学、出走或其他出乎意料的事件时，父母才开始反思，才意识到眼前的困境是自己对孩子的成长过程缺乏了解，对可能出现的问题准备不足。

所谓“未雨绸缪”包含两层意思，一是预测，二是行动。也就是说，父母首先应该有预见性，对孩子在不同年龄段可能会遇到的问题要有充分的了解，同时想方设法提前进行有针对性的准备。例如，大祺父母在预防可能会出现的青春期出走的问题上，不是仅仅坐在屋里担忧，而是积极采取行动、做出努力。

当然，父母既不是专家，也不是先知，不可能把所有事都做到尽善尽美，也不可能将所有风险都防患于未然。但如果因此就不学习也不思考，只要孩子没有大问题就得过且过，一旦出现了难以预料的不良后果就悔之晚矣。

因此，未雨绸缪不仅仅是一种教育策略，更是一种超前的意识和积极的精神。也许我们不是最好的父母，但至少要学做最好的父母；也许我们做不到最好的父母，但至少应该问心无愧地努力过。

（三）目标和坚持是成功的必要条件

我们也要有自己的生活

大祺爸说：“每个上清华大学、北京大学孩子的家长，都会付出很多。我听说，有些家长基本不上班，就在家管孩子。有的家长为了孩子上好学校，每天挤公交、地铁，累得不行。难道孩子上了清华大学就会幸福吗？我可不这么干！我们也要有自己的生活嘛！”

在大祺上小学的时候，爸爸就对他说：“你只要保持现有的水平不下降，高三时我帮你努力一年。”

顶不住了

大祺的家长会平时都是爸爸参加，跟他打过交道的老师都不会要求他给孩子定目标或加压力。高二第二学期，大祺妈参加了一次家长会，回来对大祺爸说，老师建议给孩子定个目标。她也觉得儿子有潜力，应该努力一下。

大祺爸从没想过儿子能上清华大学，觉得以他当时的水平，考所“985”大学是没问题的。他对大祺妈说：“他比咱俩强多了。咱俩都有饭吃，他能没饭吃？”可是过了几天，慢慢琢磨爱人的话也有道理，他就想看看儿子的成绩是否靠谱。

大祺爸让儿子把高二所有考试的成绩拿来分析了一下，发现孩子还真有上清华大学的可能！就对儿子说：“要不咱们努力一下试试？”

虽然从大祺的学校历史上看考入“清华”“北大”的学生寥寥无几，虽然从区里的考试排名看不出自己在北京所有考生中所处的位置，但凭着多年来对父亲的信任，大祺还是决定开始努力。

找老师和找课外题

为了弥补课堂学习的不足，大祺的父母决定为他请家教。大祺妈先在网上寻找评价比较好的老师，然后约来试讲。试讲地点就在家里的客厅，老师上课时，大祺爸就坐在旁边沙发上闭着眼睛听。凭着对儿子的了解，如果他觉得好就留下；如果不适合，就换人。大祺爸说：“开始换了很多老师，最后才固定下来。所以后来即便有些老师要求涨价，也没有办法，只能接受。”

大祺学校的考试比较简单，大祺爸就从网上找题。他总是先在网上到处找、到处搜，反复比较后挑出好的，再打印出来给儿子做，其中不少都是要付费的。我问：“你怎么能看出来好不好呢？”大祺爸说：“嗨，看多了就有经验了！”

在自己的努力和父母的帮助下，到了高三第一次统考，大祺考了区里的第一名，比第二名高出60分。大祺说：“成绩出来后可以大概换算成北京市排名，这时我考清华大学的目标就比较明确了，感觉努力一下还是可以实现的。”

目标的力量

大祺上高二时，每天最晚10点半就会睡觉，那时他的不少同学都是12点或凌晨1点以后才睡。大祺爸听说后，也让儿子晚点睡。结果大祺每天回家以后，总是把书包一扔先睡觉，吃完晚饭后再开始写作业。熬了一个礼拜，大祺爸只好不管了。

但是到了高三，大祺爸说儿子发疯似的学习状态让他特别感动。那时大祺回家后，经常连续学习6~8小时。除了写学校老师留的作业外，还有家教老师留的作业和爸爸在网上找的试卷，总是夜里一两点钟才睡觉。大祺说：“我高三时没有精神上的压力，就是按照制订的计划，一步步地实现自己的目标。”

我问大祺：“是考清华大学的目标改变了你的状态吗？”他说：

“是。虽然客观感觉比较累，但精神上还是很饱满的，我感觉每天都有收获、动力和奔头。”

那时，大祺累的时候会通过运动来调整状态。他说：“我那时候的运动量比平时还要多。在学校主要是跑步，在家就做俯卧撑、深蹲。做完运动后，我就会感觉自己的大脑‘重启’了。”

1 顺势而为

大祺爸说：“大祺考上清华大学真是个意外，我们从来没想过让他上清华大学。”但我认为这个结果应该是意料之外、情理之中。

高二之前，大祺也许对目标大学很模糊，却并不影响他一直保持良好的学习和生活习惯，并以积极的心态丰富经历、积累知识。所以他高考前的全力冲刺，不是为心中梦想的最后一搏，而是顺势而为的奋力一跃。在大祺身上，我看到了正确方向和持续努力的力量。

人生的路很长，成功永远只是瞬间，为此付出的长期努力才是生命中更重要、更有意义的部分。如果对目标过分憧憬和纠结，以致分散了对日常积累的重视和享受，就得不偿失了。带有目的性的努力也许更有效率，但如果长期保持这种状态，就容易引发疲惫和懈怠，还可能出现知识与经验的宽度和厚度不足的现象。

成功的取得更多的不是靠立大志和强刺激，而是能否把每一天都过得充实、愉快而有意义。在这样没有负担、只有享受的日复一日的进步中，最后的结果也就顺理成章了。

2 目标的力量

没有目标的生活一定会缺乏活力，目标过于远大也会虚无缥缈。大祺说："我之前的目标并不明确，即使有也比较'虚''空'。但高三第一次统考成绩出来后，可以大概换算成北京市排名，这时我考清华大学的目标就比较明确了，感觉努力一下还是可以实现的。"

人的目标只有看得到、够得着才能发挥激励作用。但凡是愿意付出长久努力的目标，很多都不是靠别人的指点，而是来源于自己的摸索和感知。就像同样去名校参观，成绩好的孩子能够借此明确自己的奋斗目标，而成绩相差较远的孩子就很难受到触动和激励。

能够实现的目标，给人希望；无法实现的目标，反而让人懈怠，甚至使人绝望。告诉孩子，只要成绩前进一名就是进步，做好一件小事就是成功，看完一本书就是收获，帮助别人一次就是幸福。时间久了，孩子自然就能学会如何寻找适合自己的目标，也能懂得怎样做才能达成心愿。

"不积跬步，无以至千里；不积小流，无以成江海。"不要小看那些不起眼的小目标，日积月累就是迈向成功的一大步。不是只有考上好学校、找到好工作才是有意义的正经目标，让孩子体会到只要认真、努力地做好每件事，就会逐渐找到自己生活的意义和人生的价值。这样，他就会离自己想要的生活越来越近。

清华学子家庭成员

妈妈：阮泳

爸爸：黄金烈

儿子：清风（化名）

扫描二维码
听原声采访

清华学子名片

小学： 上海中华路三小

初中： 上海尚文中学

高中： 上海格致中学

本科： 清华大学经管学院经济与金融国际班

硕士： 上海交通大学高级金融学院

爱好和特长： 经济学、社会学

高中阶段所获奖项： 全国中学生物理竞赛一等奖、上海叔蘋奖学金特等奖等

大学本科所获奖项： 学业优秀奖学金、综合优秀奖学金等

深入思考。

清风自述

我的父母从来不会督促我学习，但这并不代表他们不关注我的学业。只是他们的预期非常低，而我总是超出他们的期望。

我的父母不是教育大师，但他们的爱和信任造就了今天的我。在较少的压力下，我形成了自信的人格，也激发了我的内在驱动力和自我控制力。如果父母总是给孩子过多的指示和压迫，就会导致这些能力下降，甚至丧失。

我的自学能力，归功于父母让我从小就自己解决生活中遇到的问题，而不是事无巨细地为我考虑周全。所以，这项能力需要从上学前就开始慢慢积累。

在人格方面，我认为人的内心一定要真诚，知道什么是对的，什么是错的。如果父母能够以身作则，孩子又一直看着父母，他就会朝着好的方向发展。我的父母就是这样用自己的行为潜移默化地塑造着我的个性，这比任何说教都有效。

（一）放手和鼓励发掘内在驱动力

学习的魅力

小时候跟妈妈上街，清风看到店铺门上的字问妈妈是什么，妈妈说："等你上了学，老师都会教你的，你在学校里能学到好多知识。"爸爸买来玩具，清风总想拆开看，爸爸就帮他。可是拆开了两人都不懂，于是爸爸对他说："将来上学，老师会教你的，你也可以问老师，慢慢就懂了。"

刚上小学时，爸爸看到清风写的字不是太好，就跟他边比画边说："写字肩要平，脚要直。如果肩是斜的，脚是歪的，就难看了。"儿子看他做出的怪样哈哈大笑，之后写字就特别注意了。

那个时候，清风虽然不知道父母每天早出晚归忙什么，但他总能看到父亲回家后还会看书看报。清风爸说："我受母亲的影响，从小爱看书。原来在国有企业有时间，我经常到单位图书馆借书。那时候，一分钱借一天。我虽然文化程度低，但看书真的很多。"清风说："父母只有真心这么想，才能通过自己的行为潜移默化影响孩子对学习的兴趣，这比任何说教都有效。"

清风上学后总是很兴奋，每天都开开心心的。他很喜欢每天早早地去上学，老师为此还特意给了他一把班里的钥匙。

清风爸对我说："你书里一定要写，学习是快乐的事，千万不能变成任务或者痛苦！如果家长天天在旁边盯着孩子学习，那就完了！"

极简单的要求

清风的父母每天在外奔波，从来不管儿子学习，也从来不布置课外作业，对他唯一的要求就是"写完作业后才能看动画片"。那时，电视每天5:30 ~6:30播放动画片，所以他总是想尽办法赶在节目开始之前写完作业。这种习惯伴随着他从小学直到高中，虽然作业越来越多，但他仍然能够做到在学校写完作业。

如果老师留了听写作业，而父母又没在家，清风就请隔壁奶奶帮他听写。有时奶奶要做饭，实在没空，他就说："我自己来吧。"后来每次他都是先把需要听写的词语背下来，再默写在本子上。清风说："孩子的能量是很强的，只是看父母是否愿意挖掘，怎么挖掘。"

清风认为，父母对他的要求虽然简单，却给他带来了很大的益处，因此他会开心地加强自己的好习惯。初中时，清风曾经问同学："你怎么不写作业啊？"同学说："我没你聪明，懒得写，待会儿再写。"清风说："其实他玩游戏比我聪明多了，这就证明他不是笨，而是不上心。他总是把精力用在无聊的事情上，在学习上却无法集中注意力。"

不背负父母期望的内驱力

清风父母对儿子的学习没什么高要求，觉得能上所大学就不错。清风说："我的上进心、自学能力和自我约束能力都不是靠父母推动出来的，而是源自我的内在动力。”

例如，小学时，清风的数学很好。为了“把持江湖地位”，证明自己比别人聪明，他要求自己每次都要考满分。一旦被人超过，他就会憋着一股劲，下次重新夺回“头把交椅”。

初中时，有一次写作业，清风故意不打草稿，只用心算写答案。他说：“我做这事就是为了挑战自己，看看能否比其他人写得快。我觉得这很好玩。”

高中时，清风觉得如果自己参加高考，顶多能上同济大学。但他通过尝试发现：如果参加物理竞赛，就一定能上“清华”“北大”。于是他在投入了大量时间和精力后，终于获得了全国物理竞赛一等奖。

清风说：“说到底，我的这些想法和做法，就是为了让人家觉得我牛。同时，我的这种表现肯定与我父母有关。首先，他们对我没要求，所以我没有压力；其次，如果我学得好，他们肯定夸我，所以我的动力非常强！”

天赋要靠后天激发

清风一直觉得自己能考上清华大学，就是因为智商高、聪明。但进入清华大学后，他逐渐发现那些智商高的人，表现并不一定更突出；有些智商没那么高的人，却能够做得更好。通过反思，他认识到：“先天智商的差距没有我们想象的那么大，人的很多天赋都是后天激发出来的。”

例如，清风认为：“提高孩子的理解能力，就能提高他的学习能力。”父亲在他幼年时，经常鼓励他拆玩具和质疑父母的意见，这种做法激发了他探究与思考的欲望，也就逐渐提升了他的理解能力。但如果情况完全相反，孩子的求知欲总是被阻拦或否定，就会习惯于不知道、也不想知道，最终肯定会影响到他的学习能力。

再如，父母应该推动孩子学习，还是推动他的学习愿望呢？清风认为：“前者，只要不停地讲就可以了，后者则需要父母在陪伴的过程中，将他塑造成一个独立的人。”

清风说：“只有很少的孩子能在父母的逼诱下一直前进，大多数人都会疲累。到了那时，他已经完全丧失了内在驱动力，父母会发现推也推不动，不推更不行。所以管得太多就会收到反效果，而内在驱动力对孩子才是最重要的。我有些同学就是在父母的逼迫下考上清华大学的，但上了大学以后就开始玩游戏，逃避学习、逃避辛苦的事情。”

1 我想学习

孩子提起学习就皱眉，是很多父母的苦恼。怎样才能让孩子想学习、爱学习呢？清风的经历和他父母的做法很值得我们反思。

上小学前，当清风遇到问题向父母求助时，父母总是有意无意地不直接说出答案，而是告诉儿子：上学后老师会教他；当父亲发现清风写的字不好看时，没有直接批评他，而是通过表情和动作让儿子快乐地领会、改进；父母只要求清风回家先写作业，而且不加课外题，所以他每天都会很快写完功课；父母对清风没有高要求，但学得好肯定夸他，于是他总是想方设法挑战自己，赢得成功。

对于孩子来说，每天最想做的是什么呢？一定是他最好奇、觉得最有趣的事。因此，孩子即使开始觉得上学很好玩，但如果父母总在旁边督促，成绩总达不到父母的期望，而且作业总是没完没了，他一定会越来越

不喜欢学习。

如今，孩子一般要在学校学习十年以上。虽然时间漫长，只要开心，无论成绩怎样，孩子都会乐于学习和享受；但倘若不开心，成绩再好，对他也是无尽的煎熬。所以，如果希望孩子想学习、爱学习，父母最应该做的，就是让孩子感到有所收获，并享受快乐。

有些父母觉得如果不时时督促，孩子就会输在起跑线上。但是这种做法很容易成为孩子的“逆动力”，让他对学习产生痛苦的感觉，结果反而欲速则不达。有些父母觉得学习就是要多花工夫，就是辛苦的事，舒舒服服绝不可能取得好成绩。但是如果孩子因为缺乏内在驱动力半途而废，即使道理再正确，又有什么意义呢?

所以，“想学习、爱学习”绝对比“成绩好”更值得父母付出努力和耐心。

2 聪明与成绩好的距离

我们经常听到这样的话：“这孩子很聪明，就是没用到学习上。”引导孩子对读书和学习产生兴趣，是让孩子将聪明用到学习上最重要的方式。于是问题的关键就在于：孩子对学习感兴趣吗?

有些人总把孩子不爱学习的责任推给社会，要么诱惑太多，要么受坏孩子影响。其实，对孩子影响最大的正是父母，因为朝夕相处，更因为依赖和信任。

在不懂事时，孩子会觉得父母常做的事，肯定非常有趣，于是开始了最初的模仿。当孩子懂事后，他会觉得父母常做的事，我为什么不能做?于是有恃无恐。有的父母也懂得这个道理，却总是在孩子回房间写作业时偷偷玩手机，或者到别人家打牌到深夜。可是，孩子看不到就不知道吗?

清风认为："父母只有真心这么想，才能把正确的理念通过自己的行为传达给孩子。"所以当抱怨孩子不爱学习时，父母更应该思考的是：读书对自己意味着什么，而不是对孩子的意义。

聪明孩子最大的特点，就是在很多事情上都比别人学得更快、做得更好。也就是说，只要他感兴趣，就很容易找到成就感，而成就感是孩子持续进步最重要的动力。所以，"言传身教"虽然说着容易做起来难，但只要父母想透彻、做到位，孩子就必然会有所领悟、有所改变。对于聪明的孩子，尤其如此。

3 内在驱动力止于否定

每个孩子都会产生如清风一样的内在驱动力，如把持江湖地位、证明自己比别人更聪明、不服输、做别人认为不可能的事。然而，为什么清风感到"内驱力"对自己的影响如此强烈，而很多孩子的这种感觉却越来越淡，甚至完全消失呢?

清风曾经跟我反复强调、他的父母也非常认同的一个事实是：他是被父母散养出来的，父母很少居高临下地教育他，总是平等交流。

在那些自以为了解孩子的父母眼里，清风当时的想法很可能会被看作自以为是、自不量力或非常可笑，于是总想让他清醒，将他拉回正常轨道。然而在很多时候，这种敲打和批评正是打击孩子上进心最常见的方式。

试想：当孩子将自己深藏内心的雄心勃勃的想法告诉父母，并准备被父母大加赞赏时，得到的却是当头一盆冷水，他心里该是多么失落和沮丧呀！如果父母总是以教育者、批评者的心态对待孩子，他的自主意识总有一天会被耗尽，内在驱动力也将随之烟消云散。

每当孩子提出新想法时，如果父母能用包容的眼光和欣赏的心态去看

待就会发现：他竟然那么有想法、有魄力，那么积极向上！与此相比，那一点点狂妄、一点点不羁又算得了什么呢？

从这个意义上讲，孩子是否一直保持内在驱动力完全在父母的掌控中。支持和赞赏会助他激发出生命的潜能，而指责与批评将使他泯然众人。

（二）做人比学习更重要

以身作则

清风爸是个非常理智而清醒的人。为了给儿子塑造人格，他坚决约束自己不要在儿子面前抽烟、乱扔垃圾、插队、抢座、闯红灯和乱发脾气。清风爸认为，塑造自己是塑造孩子的最好方式。他说：“如果我自己做不好，孩子就不可能做好。如果我嘴上讲得好却做不到，孩子就会鄙视我，这是我觉得最可怕的事。”

清风诚恳地说：“我的父母为了把我在人格上培养得更优秀，会表现得比原本的自己更好一些，因为他们很清楚我会比他们发展得更好。”

清风的父母总是尽可能让自己善良、诚实、正直的本性影响儿子，而尽可能让生意场中的人情往来避开他。清风爸说：“我们不教他在学校怎么跟老师套近乎，不教他怎么超过别的小孩子。我觉得如果希望孩子将来特别出色，就一定要往单纯的方向引导。因为那些急功近利的做法，对他的长期发展会有干扰和负面作用。”

清风家每年都要爬一次山，越来越高、也越来越远，因为他们想让儿子有攀登的勇气；清风家每年还会出一次海，因为他们想让儿子认识到自己的渺小，要勇于探索。清风也认为自己的积极心态主要来源于父母，他说：“我的父母非常有上进心。不是在物质上跟别人攀比，而是想把事情做得更好。有些爷爷奶奶带大的孩子，上进心就不会太强，这应该与老人的心态有很大关系。”

家风的传承

清风的爷爷不识字，更不会写字，话也很少，但是很乐于助人。凡是认识他的人，几乎没有说他不好的。清风的奶奶每年春节都会做很多小汤圆送给周围的孤老。清风爸说：“我很小就跟着她去送。那时家里也没多少吃的，我想吃一点小汤圆她都不允许，却去送给别人。母亲告诉我：做人要手心向下，不要向上。给予别人帮助，你的心才会得到满足。”

清风爸觉得自己乐于助人的意识来自父母的影响，并且已经在心里深深地扎了根。他也把这样的理念教给清风，他说：“父母不要觉得孩子善良就会吃亏，他对别人都善良，对父母也一定会善良。”于是有一天，他们欣喜地看到儿子对帮忙打理家务的阿姨说：“天气太冷了，你不要用冷水，要用热水。”

清风爱帮助人的品质还引起了老师的“别样”关注。高中时，他在积极准备全国中学生物理竞赛的同时，仍然经常给同学讲题。老师当时对他寄予了很大期望，不希望他浪费时间，就专门给清风父母打电话说：“你们让他把自己管好，不要去管别人。”

还有一次,清风在同学的请求下帮忙联系老师。爸爸说：“老师不愿意接他的电话，肯定有原因，所以你不要管。”但清风说：“你不是让我帮助别人吗？我觉得这是应该帮忙的事。”清风爸认真想了儿子的话，觉得自己不如他纯粹。

清风爸说：“我的底线是：宁可不赚钱，也绝不能做恶事。我觉得如果我做不到这一点，就不能保证我的孩子不做恶事。如果我的孩子出了问题，我是最痛苦的！那是用多少金钱都买不来的！”

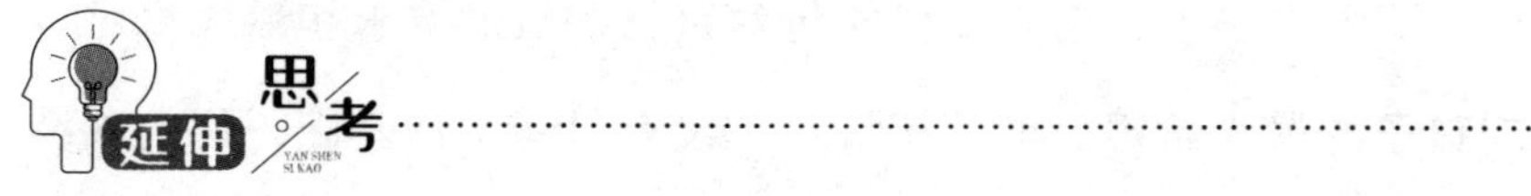

1 为了孩子，做更好的自己

父母为了孩子能够做到什么程度呢？节衣缩食满足他的所有愿望？放弃工作给他陪读？还是卖掉房子送他出国留学？清风的父母让我看到了另一种极限：竭尽全力做最好的自己。

清风爸很清楚一个有所作为的人应该具备哪些品质和习惯，也很清楚如果自己都做不到，孩子就不可能做到。所以，他强迫自己改变几十年形成的不良生活习惯，目的只有一个，就是让孩子将来更出色。

对于很多父母来说，为孩子付出时间和金钱都心甘情愿，但谈到改变自己，就难以下定决心了。这不仅是因为积习难改，更重要的是因为“上坡”比“下坡”困难得多。

例如，手里拿着空饮料瓶，随手扔掉肯定比走很远扔到垃圾筒容易得多；出去一天玩累了，插队抢座肯定比长时间站立等待舒服得多。这些时候，父母虽然心里知道怎样做是对的、是好的，仍然会禁不住依照惯性行事。因此，问题的关键不仅在于父母是否知道是非对错，更重要的是父母塑造孩子的愿望有多强烈。

清风爸害怕孩子学到自己不好的习惯，怕自己做得不好受孩子鄙视，这种小心翼翼的心理也促使他加强自我约束。为了孩子改变自己是非常艰难的事，因为他会时时看着你、检查你、纠正你，让你不能有一丝懈怠。也正是因为如此，孩子是父母进步最好的、也是最后的机会。

2 绝不能忽视的品质

要善良、不要做恶事，这是清风父母对自己的最低要求和最大肯定，也是他们对孩子的最大希望。清风爸说：“没有‘善’做基础，你的成绩再好，走上的也是一条歧路。”

《三字经》说：“人之初，性本善。”又说：“苟不教，性乃迁。”有些人善良的本性之所以会改变、会丢失，就是因为在他们心中，有比善良更加重要的东西，如金钱、财富、地位和自尊心。这些诱惑在“人之初”不可能影响到孩子，所以那时的“善”是单纯的、脆弱的。也正是因为意识到了这一点，清风爸才会制订自己的行为底线，以免误了孩子，也害了自己。

一些父母总会告诉孩子太善良容易吃亏，却忘了告诉他善良还有另外一层含义，就是“不做恶事”。时间久了，孩子记得最清楚的是保护自己的权益、争取更多的利益，却忽略了规则意识和道德底线。

就像很多人健康时很少想到锻炼和保养，身体一旦出现问题就已经不可逆。如果没有刻意从小对孩子进行言传身教，万一他误入歧途或者深受其害，父母又该怪谁呢？所以，善良，不是漂亮话，也不是装饰，而是利己又利人的品行，也是使孩子走得更高更远的保障。

（三）推崇独立与平等

照顾自己和父母

清风小时候如果跌倒了，他的父母不但自己不扶，也不让别人扶，就等他自己爬起来。清风妈说：“他长大后跌倒时，没人扶他的。所以，应该让他从小养成自己爬起来的习惯。”

清风上小学时，父母每天早出晚归做生意，所以他早晨总是自己出去买早点，然后再上学。而到了周末和假期，他还要负责把父母的早点也买回来。清风妈说：“这个习惯一直保持到他上大学，现在每次回家也都如此。”

那时每当他们外出吃饭，拿碗筷、点菜、埋单的事都由清风做，而父母就坐在那里指导儿子。有熟人看到这样的情景，都会感觉很奇怪：“咦，怎么你们俩坐着，让孩子走来走去的？”他们的回答非常坦然：“男孩子独立一点，总归要好一点。”

清风说：“当年他们让我做这些事时，可能没想太多。但事实证明，我的独立性要远强于其他人。”

信任从了解开始

清风小时候很调皮。上幼儿园时，为了不影响其他小朋友，老师有时会把他单独关在一个小房间里。上小学时，他早早答完考卷后坐不住，总在教室里走上几圈再交卷。有时还会辫女孩子的头发，有时把脚伸到前面同学的椅子下。幼儿园和小学老师都怀疑他有多动症，坚决要求父母带他去医院做检查。两次脑电波结果出来，程度都是在“好动”和“多动”中间。

后来经过仔细观察，父母发现他不是多动，而是精力太旺盛了。因为每当遇到喜欢的东西，他就能静下来。所以，他们就尽可能让清风多运动，带他到各种地方去玩，让他消耗多余的精力。

清风虽然很调皮，但很守规矩。三个人一起走路时，他可能在路上乱跑乱奔，但一定会在红绿灯路口停住，等父母走过来。因此，父母对儿子的想法总会以肯定和欣赏的心态去看待和评价。即便有些事情不能理解和认同，也还是会支持他。他们认为："儿子现在还年轻，有机会后悔。"

清风读研究生期间，曾经在上海的一家金融公司实习。公司对他的表现非常满意，愿意录用他，而且收入非常高。但是最后，清风却选择了北京的一份收入相对低很多的工作。因为他觉得这份工作可以改变人们的生活习惯，而他就想做一个这样的人。

清风妈说："只要能够吃饱穿暖，我支持他做任何自己喜欢的事。而且他能做这样的选择，我也蛮佩服他的。"

把"帽子"拿掉

清风爸说："我母亲传给我的观念是：如果父母太强势了，孩子就会被压制。而我一直希望儿子超越我，所以我跟儿子平时都是平等交流，而不是教育。"

清风小时候，爸爸只要在家，每天都会与他玩一小时。长大些后，会听他讲学校的八卦。再后来，父子俩有时会在大排档里小酌一下，两人慢慢地边喝啤酒边聊天。碰到严重问题沟通不顺畅时，还会一起去澡堂洗澡。在那里，他们可以除去所有的遮盖和伪装，更加坦诚地交流。

当然，清风的父母从来不会放松对儿子的管教。而对于他们的教育方式，清风也非常认同。如小时候把床单剪坏了，他们只是说"不应该这样"就完了。中学时老师怀疑他谈女朋友，爸爸答应老师："是是，哦哦。"然后回家对儿子说："你隐蔽点，不要让他看到。"但是，如果清风犯了出格的错误，他们也会给予相应的教训。

清风小时候，爸爸也打过他。那时清风爸不知道怎么用语言去教育他、说服他，觉得只有打才能让他认识到错误。后来他发现如果用'我是你老爸'的语气与他交流，他不会听的；但如果把'帽子'拿掉，孩子不仅会听，交流效果还很好。

清风说：“孩子的思考能力取决于他思考的数量。如果父母把他当成懂事的人平等交流，他就能有更多的机会思考。经过这样的训练，父母就会发现他真的会越来越懂事。而且我的父母从来不唠叨，在这一点上，他们已经极出色了！有几个家长能做到这一点啊？我认为只要做到这一点，就是最称职的前5%的家长了。”

清风妈以能够得到儿子的信任而自豪，她骄傲地说：“我一直把儿子当朋友和一个未来的成年人对待。我很欣赏他，他也很喜欢我。平时他从来不叫我妈，而是叫我的网名。如果跟我有隔阂了，才会叫我一声‘妈妈’。我去宿舍看他时，就对他的同学说我是他姐。”

1 独立，才能掌握命运

独立，就是依靠自己的力量做事。根据自己的经验判断决定的对错、操作方法的可行性、成功的概率以及后果是否可控或可承受，然后再把想法付诸实施。这个过程既复杂又简单，如果能够熟练运用，小事只需瞬间，大事也只是多花些时间和精力而已。但如果从小缺乏训练，即便再小的事也会千难万难，面对稍微重要的事情，便会感到难以承受了。

所以，独立性是训练出来的。做多了，自然就有了经验，有了经验也就能判断和解决了。但如果父母总是代劳，经验无从积累，孩子当然很难独立。即使独立，也会感到困难重重，而非轻松自在。

同时，在学习独立的过程中，孩子会逐渐发现自己的兴趣和价值，从

而建立自信、找到自己的快乐来源和人生目标。

在清风就业选择的问题上，看似一个简单的决定，其中却包含了他对自己能力的判断、对追求的认知、对生活城市的考虑、对家庭责任的权衡。如果不是父母从小对他进行独立性的培养，他绝不会如此从容而坚定地选择一条自己最想走的路。也许这条路并不如清风想象得那样美好，但能够做自己想做的事，过自己想过的生活，对他来说就是幸福了。

知道自己适合什么、想要什么并不容易。清风能够做到这一点，完全受益于父母给了他足够的尝试机会和自由空间，让他能够独立、敢于独立。能够掌握自己命运的人是幸运的，而清风的幸运来源于具有长远眼光的父母。

2 希望孩子超越我

清风爸说："我一直希望儿子超越我，所以我跟儿子平时都是平等交流，而不是教育。"因为他担心自己的意见会束缚儿子的思想。

不得不说，清风爸的想法和做法都非常有勇气。也因为他敢于承认自己的视野和能力有限，并允许孩子质疑自己，才能真正做到平心静气地听儿子说他的经历和见闻、思考和见解。而清风由此形成的思辨与自信，则成了助他在社会上立足，并获得更多建树的重要素质。

超越是一种习惯。如果父母总是以主宰者的形象对孩子指手画脚，以提出孩子永远无法实现的目标维系自己的权威，如此培养出的孩子可能更习惯于服从，而不是质疑；更习惯于自责，而不是自信。总被父母压制的孩子，很难有更积极的心态迎接挑战，并赢得成功。

父母最初都希望孩子比自己过得更好或者更优秀，随着时间的推移，想法慢慢就会变成"能跟我一样就不错了"。然而，事实可能并非如此。

让父母产生这样的感叹，更多是因为孩子达不到自己的要求，或认为孩子的想法不切实际，而并非孩子真的缺乏实力或潜力。

因为存在个体差异、很多未知和不确定的因素，孩子不可能总是按照父母的想法发展。每个孩子都对未来有自己的想法和憧憬，这是父母无法切身体会，也很难预测的。因此，只有像清风父母那样，以更开放的心胸包容孩子，以更长远的眼光看待孩子，他才有可能最大限度地发挥自己的实力，发掘自己的潜力，创造超越父母的成就。

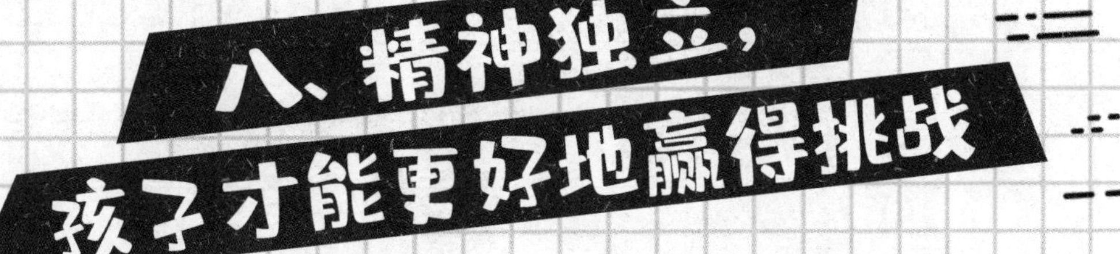

清华学子家庭成员

妈妈：俞女士

爸爸：沙先生

女儿：S（化名）

扫描二维码
听原声采访

清华学子名片

小学：上海市闵行区鹤北小学、上海市徐汇区田林第四小学

初中：上海市世界外国语中学

高中：上海市上海中学

本科：清华大学建筑学院建筑系建筑学

硕士：清华大学建筑学院城市规划系

爱好和特长：艺术、音乐

高中阶段所获奖项：上海市高中英语竞赛一等奖、上海市中学生古诗文阅读大赛高三组一等奖、上海中学最佳学生等

大学本科所获奖项：国家奖学金、清华大学优秀学生干部、清华大学优秀共青团员等

向前看！

S自述

我们一家三口在精神上都很独立。从小到大，父母什么事都会跟我商量，他们会给我一些意见，但最后的决定由我来做。

我的父母都是要强和认真的人，在这方面我深受他们的影响。做事情的时候，希望自己做到最好；看结果的时候，希望自己比别人更好。但是

“要强”这个事不能让它成为一种毒药，单纯为了胜过别人而努力，是非常不可取的。

有理想和追求是一件很好的事情，但不能太过执着，还要有很强的适应性。只有这样，当生活发生意想不到的转折时，才能积极主动地进行调整，而不是一蹶不振。

现在回忆我的学生时代，更多的不是我学到了什么，而是与别人的互动和交流。高智商只能体现在学习方面，工作以后更重要的是综合能力。我觉得这才是我成长过程中最重要的。

（一）每个人都做最好的自己

积极又理智的父母

S的父母都是科技工作者，平时工作比较忙。后来为了照顾孩子，S妈总想多分些精力在家务上，而事业心很强的S爸却劝她保持原来的工作状态，积极进取。

S爸在她高考那年被确诊为癌症患者。虽然这对一家三口打击很大，但他们每个人都没有停止努力——努力地学习、工作和治疗，努力地做最好的自己。

S妈感叹道：“幸亏当时做了正确的选择，我的事业才能逐渐走向上升通道。在他生病后，我才能把这个家撑起来，没有垮掉，整体平稳。”

S爸说：“我是个很理性的人，也自认为内心比较强大。在生病期间，我会尽量把事情看淡一点，并把握好自己的情绪。否则作为家人，她们肯定会受很大的影响。有些父母觉得孩子对自己最重要，无论如何都不能让孩子离开自己身边。我并不认同这种想法，她未来肯定要走属于自己的路。”

理性的赞美

在S爸小的时候，父亲总是说对他说："你这个地方做得不太好，那个方面应该再努力一下。"他觉得自己总是达不到父亲的要求，被批评多了，他还很逆反。S爸说："在小孩子的眼里，父母就是天，是最重要的人。父母如果鼓励我一下，我就会持续努力。但如果总是觉得离父母的要求差一点距离，我就会觉得很没劲。"

所以，S开始识字时，每认识一个新字，父母都会对她说："你今天又进步了哦！" 她听了很开心，就会再认一个。父母每天都夸她，她就越来越愿意认字。

S爸说："读书是一件好事，也是一件辛苦的事。孩子开始并不懂得学习的意义，但她一直努力就是为了得到爸爸妈妈的称赞和笑容。每当女儿从书里面学到新东西，会马上跑来跟我们讲，我们就会立刻表扬她。于是她觉得'我读书就会被夸奖，爸爸就会带我去玩'。慢慢地，她对学习的兴趣就被激发出来了。"

办法总比困难多

S妈说："女儿不是黏人的孩子，别人的情绪也不太能影响她。她总是更多地专注于自己的事情，这一点很像她爸爸。"

既是顺应女儿的个性，也是尊重她的选择，凡是与S相关的事，父母总是尽量让她自己做决定。而S在学校遇到问题时，也大多靠自己摸索解决。有时S会跟父母讲一些烦恼，妈妈总会对她说："遇到事情不用怕，办法总比困难多。"

S妈说："很多时候，她只是想找个人说说，最终都是她自己解决问题。在这个过程中，她承受压力的能力越来越强。"

对此，S说：“可能是我的运气好，没有碰到过很大的事情。不是必须借助父母的力量，也就没必要让他们担心。其实我父母经常会给我建议，但我认为孩子还是应该适当犯错，那样记忆才会比较深刻，成长也更扎实。”

独立的人格

S觉得自己比较理智，也比较独立，不太愿意依赖别人，因为她觉得“独立性”对自己非常重要。

S说：“现在社会对人的要求不是相互依存，而是相互合作，因此人的精神必须要独立。另外，如果孩子与父母之间是相互依赖的关系，就很难建立批判性思维和独立思考。所以，父母可以和孩子一起聊天，这是必要的感情交流。但在遇到事情时，还是要让孩子独立决策。这样的经历，可以让他将来在社会中更顺利一些。”

当然，S的独立性也给父母带来了一些苦恼。例如，初中有时补课到很晚，她总是忘记提前告诉父母；上了大学，因为过于投入学习或工作，总是忘记与父母联系。

S说：“有人说女儿是爸妈的贴心小棉袄，我爸妈却从来没有这种感觉。父母总希望孩子在自己身边，希望孩子跟自己关系密切，我却不符合这种期待。我总是想往外跑，很向往一个人的生活。”

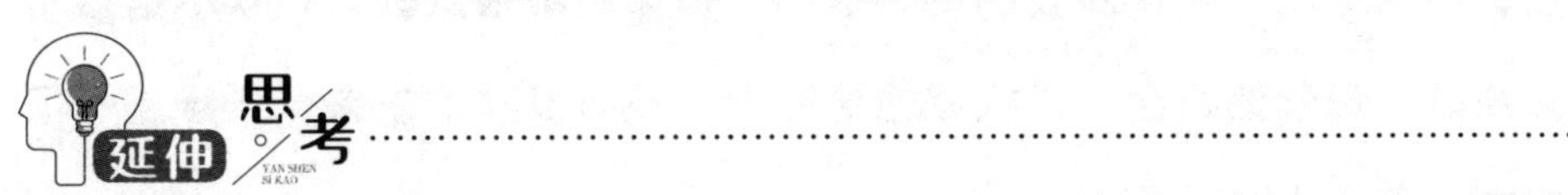

1 努力做最好的自己

凡是孩子独立性比较强的家庭，大多时候每个家庭成员都是各忙各

的，互不干扰。所忙碌的可能是家务事，也可能是各自的工作或兴趣爱好。闲暇时他们会交流新知识、新想法或新见解，其间可能还有唇枪舌剑或头脑风暴。这种氛围会使孩子感受到被尊重和被重视，使孩子的自我意识逐渐觉醒，进而养成独立思考、批判性思维和独立解决问题的意识和习惯。

有些父母觉得孩子依赖性太强，就想把他送到寄宿制学校或出国留学，希望他能够在无人可以依靠的环境中得到锻炼。同时自己也可以放松下来，不用天天围着孩子转。其实，这样的条件父母在家里同样可以营造。对于习惯每天伺候孩子的父母，培养孩子独立性也解脱自己的最好方式，就是分出一些精力做自己喜欢的事，并且努力把事情做到最好。

每个人都应该拥有自己的生活，每个人都应该努力成为最好的自己。这样的信息会使身边的孩子受到感染，并将这些理念逐渐融入自己的思想和行动中。S正是受父母长期对于事业的专注与执着的影响，形成了自己精神独立和积极进取的特质。而这种特质也使她能够在父亲生病期间，仍然保证了高考的稳定发挥。因为她知道：自己和爸爸妈妈只有各自持续努力，一切才能变得越来越好。

2 精神独立需要从小培养

S说：“家长都不太愿意看到孩子犯错，但我觉得这是必要的。从现在来看，小时候犯的错误对我的影响很小，但印象都很深刻。”从小给孩子更多质疑、探索的机会，以换取他更顺利、更有发展的未来，无疑是一项低成本、高收益的“投资”。

当今社会，到处都需要开拓与创新。墨守成规或亦步亦趋的人很难突显出个人价值，更不可能使自己在芸芸众生中脱颖而出。只有那些具有独立精神和独到见解的人，才有机会成为企业和社会的中坚力量。

所谓“独立”与“独到”，就是习惯于通过自己的思考提出见解，而不盲目跟从别人的意见。如果父母总是要求孩子听从自己的安排，不允许孩子反驳，那么他长大后即使产生了不同的想法和意见，也不敢或不善于表达；即使能够表达出来，也不善于争取和坚持。

而如果像S的父母那样总是给予孩子最大限度的理解和自主决策权，她就会更敢于提出并坚持自己的观点，更勇于根据自己的研究与论证去尝试。以前成功与失败带给她的经验，也将使她更有勇气、更有策略、也更有信心面对未来的困难和挑战。

（二）尊重孩子，谨慎选择专业

从高中开始考虑专业

对于一贯成绩优异的S来说，填报高考志愿时，专业比学校更加难以选择。在父母的建议下，她从上高中就开始思考这个问题。S说：“我认为这是个很大的事情。很多人在高考填志愿前一个星期才想，这就很糟糕。”

妈妈的遗憾

S妈考大学时最想报的专业是医科，但是在那个年代，她的父亲认为学医的人可能会被分去农村或山沟，出于对女儿的疼爱，最终让女儿选了与自己一样的专业。但是S妈对所选专业一直没有喜欢起来，后来的工作就逐渐转向管理了。虽然要强的她在工作中一直很出色，但选错专业的遗憾让她提醒女儿要早做打算，而且一定要让她自己拿主意。

与S妈相反，S爸从来没有后悔过自己的选择。S说：“我爸既喜欢这个专业，又有天分，因此一直乐在其中。”

爸爸的建议

S爸对女儿选专业的第一个建议是金融。因为S的各科成绩比较均衡，与金融专业的特点非常契合。同时他认为："中国金融市场的发展还处在初级阶段，西方经济学在中国肯定要根据我国的国情进行修正，有大量工作需要去做，在理论上会有突破机会。而且整个行业收入比较高，这也是需要考虑的因素。"

S爸的第二个建议是材料。他说："新材料的研发和应用会引起工业和信息业的革命，很有发展前途。不管是有机、无机，还是金属，都可以。"

除此之外，他们还讨论过计算机等专业，但S都不感兴趣。后来S对父母说要学建筑，S爸说："这个跨度比较大，我不了解。你喜欢读什么就读什么吧，我都支持。"

排除法选志愿

S所在的中学有以"聚焦志趣、激发潜能"为宗旨的创新素养培育计划，很多同学都同她一样，进入高中后就开始思考自己未来的专业或职业。对于自己的专业，S很长时间都没有明确的想法。因为没有特别感兴趣的领域和方向，所以她通过各种尝试辨别感受，通过查找资料收集信息，然后用"排除法"做最后的决定。

生物专业。S高中所在的科技班，要求每个学生做一个科技课题。她当时选择了生物课题，但做了之后发现不是很喜欢，就决定将来不学生物。

纯理科。S说自己初中时学过奥数，也得了很多奖，但纯粹是为了考上好高中，为了达成目标而去做的。虽然学得不错，但并不喜欢。

经济类。S说："很奇怪，我从小就不喜欢经济。后来看了一些相关文章，发现经济学理论都是基于一个基本假设：每个人都是理性的人。这是我特别不喜欢的一个假设，因为没有人是纯理性的。我不是说经济学没有价值，但这不是我的思维方式。另外，我在清华大学网站上查了这个专业的课程，有些课我看着就不想学，感觉是一种负担。”

心理学。S说：“我高中时接触过心理学，不是很感兴趣，也不太适合我。虽然我有很强的意识想与人交往，也愿意参加社会活动，但从本质上来讲，我不是一个特别外向的人。我跟别人打交道也很开心，但不会主动去做这件事情。”

律师。我不喜欢争论和辩论。

医学。我不喜欢西医，对中医比较感兴趣，但中医院校录取分数太低。

工程类。我不喜欢冷冰冰的机器。

S说：“虽然我从高中就开始考虑这件事，但真正决定还是在准备填报志愿时。”她最终选择建筑系的主要原因之一是从小就一直保持对绘画和艺术的喜爱。而且，建筑是科学、人文与艺术的结合，这与她各科成绩均衡的特点也非常匹配。

选错专业怎么办

不管前期准备是否充分，很多孩子在入学后仍然会发现自己不喜欢或者不适合所学专业，导致大学期间非常痛苦。

S在跟大一新生交流时说：“大学专业的选择是你人生要做的无数选择中的一个，不要看得太严重了。现在大部分学校都会为学生提供转系的机会，工作时又是一次选择，所以你以后还有换行业的机会。”

S说：“在我父母那个年代，大学读什么，出来就做什么。但是现在不一样了，你将来从事的工作很可能与你学的东西没有关系。”但她也认为，“对大部分人来说，大学专业的选择对未来的人生轨迹会产生决定性的作用，所以还是要慎重”。

1 自主选择专业是成功的第一步

凡是在工作中干得开心、动力十足、表现出类拔萃的人，大多从事的都是自己喜欢或擅长的专业。而所谓是否“喜欢”或“擅长”非常感性和个性化，不是理性分析就能得出结论，而只有像S那样，经过体验和感受才能获得。因此，对于专业的选择，孩子自己应该有绝对的发言权和决策权。

同时，随着社会发展，专业分类、就业市场、薪酬、工作环境等都发生着巨大变化。因此，父母除了自己所从事的工作外，很难对其他行业和领域有准确、细致的了解，得到的信息大多是碎片化的，得出的结论也就难免出现不准确、不全面甚至过时的情况。而据此向孩子提出的建议，也可能与实际情况存在偏差。

更何况对于喜欢的工作，旁观者认为的苦和累，孩子本人可能认为根本微不足道，甚至会乐在其中。而有些公认的高收入行业，进入后就会发现面临的压力也比其他行业高很多。如果孩子不喜欢却又离不开，受到的就是双重折磨了。

虽然目前学校机制与社会环境会给学生转专业和换行业的机会，但精力最充沛的大学时光毕竟会被浪费，为改行而投入的时间与精力也是很大的成本，更不要提有些专业的高门坎使得“一旦错过就不再”了。

因此，在选择专业的问题上，父母可以根据自己得到的信息与理解提出建议，但更重要的是引导孩子通过各种方式了解自己的喜好和特长，最终让他自主决策。只有如此，孩子才会在未来几十年的工作中更加开心，也更容易产生事业心和成就感。

2 报志愿需要长时间准备

高考志愿是人生第一次非常重要的选择。如果缺乏足够信息和充分权衡，就一定会留下难以挽回的遗憾。所以S父母的做法非常必要，就是尽早引导和帮助孩子了解自己的喜好和擅长，并通过多种方式了解专业和学校。同时，随着孩子的目标越来越清晰，他的生活态度会更积极，学习也会更主动。

对于目标明确的孩子，父母可以引导他了解相关学校的学科排名、专业侧重和就业方向。如果孩子没有明确目标，父母则可以引导他根据自己的学科兴趣和个性特点进行筛选。此时，大学提供的专业课程是非常重要的资源。它不仅能为孩子的选择提供依据，更能避免因误解专业名称而产生的错报问题。

父母还应鼓励孩子多参加课外活动，多接触社会的各个侧面，或者带他去各种职场参观。这些是帮孩子找到适合自己的专业的途径，也是助他发现自己、认识自己的方式。

还需要说明的是：在这个过程中，孩子的想法和喜好不断发生改变是正常现象，父母对此不必感到困扰或担忧。只要他总是以自主与积极的心态面对，最终做出的决策就一定是审慎考虑的结果，而这才是最重要的。

（三）班干部是好学生的必修课

慢慢成长

S从小学习能力就很强，但父母没有让她跳级。S妈说：“孩子在学校不只能学知识，还能锻炼能力。女儿上学以后，一直做班长，后来又做校学生会主席。但如果跳级，因为年龄太小就会错过这些机会。我们想让她慢慢成长。”

是合作者而不是领导者

因为学习成绩好，S从小学开始一直做班长。在小学里，老师希望班干部帮忙管理纪律，她也就免不了经常批评那些调皮的同学。因此，在评选三好生或优秀干部时，她总比别人的票数低一些。

S有时跟父母抱怨：“我的成绩好，工作也做得又多又好，为什么票数反而少呢？”妈妈对她说：“你的角色是学生而不是老师，如果你总管别人，人家就会不服气。”

S也慢慢感觉到：“学生干部只是一个名义上的领导，很多时候需要跟大家合作才能做成事情或达到目的。例如，原来我会完全按照老师的要求管同学，但是僵持和对峙不会有任何效果。后来当我设身处地为别人着想时，效果就要好很多。”

到了高中阶段，S在与人合作、统筹协调、平衡关系等方面更加游刃有余。当她调动起同学们的集体荣誉感后，大家都会积极参与、努力配合，很多问题和困难也就迎刃而解了。

让每个人都感到自己的价值

S从小要强，她不仅要求自己成绩好，也希望受同学的欢迎。但是她在初中阶段，却遇到了不小的困扰。

S初中就读的是一所知名民营学校的初中部，班里绝大多数学生都是从小学部直升的。一方面，S出色的成绩使那些直升优秀学生的优越感受到了挑战；另一方面，作为少数新加入者，她很难融入当时班里已经形成的氛围。

S认为，总的来说，小学生还是比较乖巧懂事的，家长也会让孩子向成绩好的同学和班干部学习，所以在小学做班干部没有什么太大的阻碍。但是到了初中，青春期的自我意识觉醒，让老师的话不再那么有权威。此时如果缺乏同学的支持与配合，工作起来就比较难了。

S说："这不是嫉妒的问题。所有人都希望自己是一个优秀的人，但如果你什么事情都比别人做得好，总让人觉得矮你一头，人家为什么会喜欢你呢？因此有人格魅力的领导，会让每个下属都觉得自己很有价值。"

进了高中后，S所在的班级氛围与初中有很大不同。因为成绩好，工作能力又强，她受到了同学普遍的尊重和喜爱。同时，S更加注意与同学的沟通交流，因此班干部和学生会的工作都非常顺利而高效，并由此获得了"沙神"的美誉。

最重要的收获

S说："现在回忆我的学生时代，印象最深的不是我学到了什么，而是与别人的互动和交流。我觉得，这才是我成长当中最重要的事情。学习对于我不是件很难的事情，不用花很多心思，但在人际交往方面遇到的挫折经常让我感到困惑。所以和同学在一起的时候，我心里想的不是我比他们都聪明，而是怎样才能让别人更喜欢我。"

S认为，高智商只能体现在学习方面，工作以后更重要的是综合能力。在学生阶段做班干部的经历让她意识到：人应该多替别人着想，多帮助别人，让别人感觉舒服。虽然不可能让所有人都喜欢，但还是要尽量不让人反感，至少不要给自己树敌。这些对自己后来的发展会非常有帮助。

1 做班干部是锻炼的好机会

在学校里，班干部被定位为“老师的小助手”。所以在同学眼中，他们很容易被视为高人一等或拥有特权。那些成绩优异的班干部，更容易让同学产生疏离感。另一方面，班干部也很委屈：“我明明听老师的话，又为同学着想，怎么经常两头不落好呢？”

就像S所说：“所有人都希望自己是一个优秀的人，有人格魅力的领导，会让每个下属都觉得自己很有价值。”换句话说，如果平时能够多看到同学的优点、与众不同的特质，并给予他们展示自己的机会，就会拉近彼此间的距离，消除隔阂。同学也就会投桃报李，积极配合班干部的工作。

同时，在工作中遇到同学不配合的情况，尽量不要借用老师的权威。虽然这种方式刚开始会有立竿见影的效果，但慢慢会给人留下“没本事，就会找老师”的印象，自己的权威就会逐渐受损。其实，从积极和长远的角度看，此时的困难正是锻炼处事能力的好机会。如果孩子能够在没人帮忙的情况下，独立想出解决问题的出路和方法，不仅可以得到同学的佩服，更可以使自己积累经验、获得自信。

所以，对待做班干部的孩子，应该像S父母那样，可以支持与鼓励，可以理解与疏导，但不要过多插手和干预，不要让他错过如此珍贵的锻炼与成长的机会。

2 学校是成长的地方

学校是孩子学知识的地方，但也不能忽略它的社会功能。其实学校就是个小社会，虽然各种利益和矛盾不像成人社会那样复杂与尖锐，但是“麻雀虽小、五脏俱全”。如果孩子能够与老师和同学保持和谐的关系，交到知心朋友，并经受锻炼、逐渐成熟，即便学习成绩不尽如人意，学校生活对他的价值也是巨大的。

同时，学校也是孩子了解自己、认识自己的地方。正如S说：“有些人觉得别人讨厌我，那是他的问题，不是我的问题。但对我来说，好像是自己做错了，感觉自己做得不够好。这也是我要强心理的体现。”

一个人怎样才能更准确、更深入地了解自己呢？最重要的方法就是比较。孩子在学校，可以通过观察，比较人与人之间的差异，了解自己的优势和劣势。而了解自己最大的好处就在于可以扬长避短，帮助自己找到一条最适合自己的路，也就是更容易成功的路。

在学校，孩子还会对自己未来的社会属性有所认知。如S所说：“当我设身处地为别人着想时，效果就要好很多。”孩子如果在学生时代对自己的社会属性没有足够的了解和演练，工作后就会在很长一段时间里难以适应。因此，鼓励孩子好好享受学校生活，认真对待身边的每一个人、每一件事，将来步入社会时，孩子就会更加顺利和从容。

九、平等交流，让孩子乐观积极

清华学子家庭成员

妈妈：夏女士

爸爸：胡先生

女儿：小鱼（化名）

扫描二维码
听原声采访

清华学子名片

小学：上海市金山区朱泾二小

初中：上海市金山区罗星中学

高中：上海市金山中学

本科：清华大学电机系

硕士：清华大学电机系电力电子专业

爱好和特长：唱歌、跳舞、主持、排球、中医

初中阶段所获奖项：中国中学生作文大赛上海赛区特等奖

高中阶段所获奖项：上海市三好学生、上海市中学生“德尚风采人物（百优）”荣誉称号、“昂立教育·新知英语写作大赛”特等奖、“英语之星”称号等

大学本科所获奖项：特高压奖学金、学习进步单项奖学金、文艺单项奖学金等

致虚极，守静笃。万物并作，吾以观其复。

小鱼自述

我的爸爸阳光、靠谱、心态年轻，他的建议总给我药到病除的感觉。我的妈妈开朗、直爽、积极向上，我们之间的沟通一直比较直接、透彻。因为个性不同，他们在我的教育问题上有时会产生分歧，但又能相互理解、妥协。

遇到一些比较重要的事情时，我们一般通过家庭会议的方式交流。把问题说出来一起讨论，互相体谅。如果陷入僵局，就会等情绪冷静下来再说，或者换一个时间、换一种方式解决。

可能因为与父母关系和谐亲密，与别人交往时，我也会自然而然地想要拉近彼此之间心的距离，会很快跟大家融为一体。但有些人总是怕别人伤害自己，总想把自己保护起来。一旦心里有这个顾忌，就不能开心、快乐地与别人交流了。

（一）父母教育方式的协调配合

道家范儿的爸爸

小鱼到现在还清晰地记得小时候看动画片，一共五百多集，爸爸总是坐在旁边和她一起看。于是他们有许多共同语言，这让小鱼感觉与爸爸的距离很近。所以每当她遇到不开心的事情时，总是向和蔼可亲的爸爸求助。

进入清华大学后，小鱼看到周围的同学都很努力，感觉学习压力很大，面临考试时心里特别慌，就给爸爸打电话。爸爸对她说："与其花时间担心，还不如抓紧复习，能抓到几分是几分。你平时那么努力，完全可以自信地应对这些事情。"爸爸的话虽然不多，但冷静又有力量。小鱼立刻感觉放松很多，放下电话就充满干劲地去复习了。

小鱼说："我爸是道家范儿，总是让我看到他怎样做或带着我做，于是我就知道自己应该怎样做了。例如，他做事特别靠谱，只要答应我一件事，就总能在最短的时间内完成，让我特别感动。所以当我答应了别人的事情后，也会提醒自己一定要尽快办好。"

儒家范儿的妈妈

妈妈跟小鱼之间的交流比较直接，每当看到女儿有需要改进的地方时，就会迫不及待地把自己的想法说出来。

在小鱼小的时候，这种方式可以帮她在最短的时间内改正缺点、取得进步。但随着年龄的增长和思想的成熟，情况慢慢发生了变化。很多时候，母女两人都想说服对方，于是就会不可避免地发生争执。小鱼妈说："有时我控制不住发了脾气，女儿就会有逆反情绪，不仅不听，还跟我唱反调，效果特别不好。但是如果我跟她好好说，她就很听话。"

小鱼爸说："虽然她们都很有主见，有时也会争执，但冷静下来后，两人都能自我反省。妈妈会肯定女儿对的地方，会为自己的急躁道歉，但认为正确的地方仍会坚持。女儿也适应了这样的沟通方式，她觉得如果心里憋着话不说，彼此心里都不会开心。所以，小鱼遇到事情很愿意跟我们沟通。"

被妈妈推着向前走

小鱼小时候经常坐在窗台上唱歌，邻居阿婆总是开心地边听她唱歌边做事。这个情景被小鱼妈发现了，就鼓励女儿多参加学校的文艺表演和节目主持。

为了小鱼在学校表现得大气、沉稳，小鱼妈特意组织了一次家庭演唱会，让小鱼做主持人。她要求女儿在每人表演节目前，先用简单的语言介绍一下。比如，爷爷二胡拉得如何好，妈妈唱歌如何动听。开始小鱼很难为情，妈妈就把她推上去，希望通过这种方式锻炼她的主动性和积极性。

小鱼妈说："后来经常有人评价她台风好，我觉得这不是天生的，而是通过父母和老师给她提供的机会，培养出来的。"

小鱼也说："父母从小训练我做主持人，让我的性格更开朗，也让我拥有了现代社会的必备技能，就是敢于也善于在公众场合发表见解。"

刚上小学时，小鱼的成绩并不突出，妈妈就找到老师，希望多给她展示自己的机会，并借此鼓励她积极上进。后来老师让小鱼每天早上领读成语，于是她很努力地提前做准备，领读时又特别认真严谨。很快，小鱼的付出得到了同学的认可和老师的肯定，她的精神状态和学习状态也越来越好。

小鱼妈说："父母要在陪伴中不断地发现孩子的优点，再推她一把。否则小孩子即使有这个才能和潜力也没机会发挥或发挥不出来。"

与父母探讨恋爱经验

对于恋爱，妈妈从小就给小鱼灌输自我保护的意识，告诉她哪些事绝对不能做。所以高中时，有男同学仅仅想放学后送她回家，她也一定会征求母亲的意见。但是遇到"男生表现出怎样的行为是喜欢女生" 或者"男生喜欢什么样的女生"这些很多女孩很想知道又不好意思咨询和讨论的问题，该怎么办呢?

小鱼说："虽然现在是个'看脸'的时代，对方的脾气秉性也很重要。有些同学甚至为了找对象专门学习看相，但我认为谈恋爱的问题，与其问同学或看书，还不如问父母。他们多有经验啊！我跟父母没有距离感，可以很坦然地聊这些话题。而且一家人讨论这些特别甜蜜，因为他们会时不时回忆一下自己美好的恋爱经历。"

1 家庭教育中的"儒"与"道"

儒家与道家对中国传统文化影响深远、深入人心。它们一个崇尚"道法自然”“无为而治”，另一个追求“修身、齐家、治国、平天下”。虽然两者看似主张不同、风格迥异，但在家庭教育和亲子关系中，却是相互补充、缺一不可的。

从小鱼的家庭可以看出：道家范儿的父亲，以润物细无声的方式影响女儿，以顺势而为的方式教育女儿。儒家范儿的妈妈，以直抒胸臆的方式告诫女儿，以主动出击的方式推动女儿。在父母的共同影响下，小鱼既平和又精进，既有激情又能克制。

儒道之争在很多家庭中普遍存在。如果处理不好，父母之间的分歧很容易影响孩子，使他要么不知所措，要么将矛盾为己所用。结果不仅孩子的问题解决不了，家庭关系和氛围也越来越糟。

而小鱼父母的配合非常完美：爸爸不阻止妈妈的主动积极，妈妈也接受爸爸的润物无声。所以女儿需要倾诉时找爸爸，需要激励时找妈妈。这也就是小鱼非常愿意跟父母交流，也能够从父母那里得到安慰和鼓励的最大原因。

因为孩子的教育方法产生分歧，这是每个家庭都会遇到的问题。其实，父母完全可以用不同的方式尝试解决，哪种效果好就使用哪种，而不必非要争出对错、输赢。在这个过程中，孩子会从父母身上分别吸取经验和力量，并从中摸索最适合自己的路。

2 因为包容与温暖，所以信任与倾诉

在很多父母的印象中，自从孩子进入青春期，就再也不与自己说心里话了。挖空心思都打听不出，更不可能等来他的主动倾诉。除非孩子愿意主动分享，否则即便父母强问出来，也未必是他的真心话。

但是与之相反，小鱼很愿意跟父母交流自己的所思所想，甚至连那

些心里的小秘密也愿意分享。这是因为父亲无条件的接纳和母亲平等的心态，让她可以没有顾虑、不加防备地把自己的软弱和忧虑拿出来剖析，并求得帮助。

小鱼对我说：“上大学后，我发现自己很容易融入陌生环境，也很容易跟别人亲近。但有些人自我保护的意识很强，一旦心里有这个顾忌，就不能开心快乐地与人交流。这应该与亲子关系有关。”

应该说，孩子强烈的自我保护意识，有相当部分来自父母的训斥、嘲笑、不满意和不认可。父母的本意是希望给孩子激励与鞭策，结果却造成了孩子的排斥和疏离。因此，父母必须以最宽广的胸怀包容孩子的全部，以最大的力量给他温暖，再辅以理智的分析和讨论的自由，才能够获得孩子无条件的信任和无保留的倾诉。

（二）培养学习习惯需要全家一起努力

陪伴与放手

小鱼上小学一年级时，老师要求家长陪伴一个月。于是每当女儿写作业，父母就坐在旁边默默地看书。到了一个月，老师说这个过程可以结束了，小鱼的学习习惯也就基本养成了。从此以后，小鱼总是关上房门自己学习，父母基本不会干涉。

小学时，老师要求家长给孩子批改作业。开始，小鱼的父母总是很认真地把错误标出来让她修改。但是他们慢慢发现，女儿的作业很少全对、考试也很少得满分的主要原因就是过于依赖父母的检查，反而缺少了对自己的责任心。于是他们告诉小鱼：父母以后只签字不检查。小鱼暗自嘀咕：“你们不管我，我只好自己管自己了。”

小鱼爸说："虽然女儿开始不太适应，但她的满分慢慢多了起来，而且越考越好。所以我们觉得如果家长经常陪在旁边，她心里就总有个依靠。我们不让她依靠，她就独立了。一直被父母扶着的孩子是长不大的。"

小鱼上小学前，父母没教过她识字，所以三年级之前一直成绩平平。那时小鱼妈问老师："我女儿小时候很机灵的，现在为什么不突出呢？"老师说："因为班里优秀的孩子多呀。"当小鱼妈告诉老师他们让女儿独立的做法后，老师认真地说："如果她现在的成绩是靠自己努力得来的，那么她将来的发展肯定会超过前几名的孩子，因为那些孩子的好成绩都是家长陪出来、逼出来的。"

和爸爸妈妈一起努力

小鱼上小学和初中时，妈妈自学日语到大专毕业，还通过考试拿到报关员证；爸爸则完成了本科学历，并为了评定职称每天都要看书。三个人互相影响，一起静心学习。到了高中，小鱼在学习上的专注也就成了惯性。

为了培养女儿自律，小鱼妈从一年级开始就教女儿在期末考试前制订复习计划，例如每天复习几章、看哪些习题。到了寒暑假，又教她安排自己一天的学习和生活，如制订起床、写作业和休息的时间以及每天的作业量。

小鱼爸说："那时，我们是她的榜样，她是我们的动力。小孩子都是看样学样。如果她整天看着我们吃喝玩乐就会想'你们对我要求那么高，对自己却很宽松'，肯定不服气，自然不可能安心学习。现在女儿不在家，我们学习的劲头也没那么高了。所以我感觉她会影响我们，让我们更想学习和上进。"

“浪费”爸爸的时间

小鱼上小学时，有一天对爸爸说：“爸爸，有个游戏很好玩呢。同学们都在玩，我也要玩。”开始小鱼爸觉得小孩子玩游戏没什么要紧，但他渐渐发现网络游戏太浪费时间了，肯定会影响学习，就对女儿说：“你去学习，爸爸帮你练级。”过了一段时间，小鱼看到自己又上了一个级别，很开心。

小鱼说：“练级就是不断地重复。只有到了更高的级别，我才能去开启更多的功能，见到更多有意思的世界。爸爸是浪费他的时间，让我体验更多乐趣。”

别人家的孩子

小鱼与爸爸的感情很好，也很认同他的教育理念。但在她内心深处，却总对一件事耿耿于怀。

小鱼上小学时，看到别人弹钢琴挺好玩，也想学。于是妈妈下决心将分到的房子还给单位，用拿回的钱给她买琴、让她学琴。学了一段时间，父母总觉得她没有隔壁小朋友弹得好，于是小鱼爸每次听到隔壁的练琴声就对女儿说：“你听人家又在练琴了，所以才弹得那么好！”

小鱼说：“我觉得自己在这件事上没什么天赋，但爸爸却认为我不够努力。没有对比就没有伤害，小孩子听到这样的话会很难受的。而且本来可以因为喜欢而一往无前地把事情做好，但如果总是存着战胜别人的念头，就会渐渐偏离自己的本心，影响自己的长远发展。”

1 孩子是父母成长的机会

有些人不要孩子的理由是怕麻烦，怕耽误自己的工作，影响自己的生活。因为从孩子出生起，父母不仅要把以前用于休息、娱乐和部分工作的时间用来照顾他，还要在行为举止上顾及他的感受和对他的影响，不能随心所欲。但事实上，正是这种被动的束缚感和为人榜样的自我克制，给了父母又一次成长的机会。

就像小鱼的父母，他们学习的动力，是为了实现自己的个人价值，也是为了让家庭和孩子拥有更美好的生活。而在不经意间，他们也被正处于学习期和上升期的孩子拉扯着向前走。这种相互影响、相互推动的氛围，让家庭中每个人的生活、工作和学习都更积极、更踏实。

著名教育家蔡元培先生说："教育者非以吾人教育儿童，而吾人受教于儿童之谓也。"孩子不是无知的代名词，而是求知的典范；孩子从不安于现状，而总是积极地求真求新；孩子从不掩饰的清澈本质，可以让父母更了解自己的本心；孩子不会被挫折打败的倔强，可以让父母重拾信心与希望。

孩子出生时，父母还年轻，还有很多机会和可能。不管是"抓住青春的尾巴"，还是继续追逐自己的目标和梦想，抑或放下一切、从头再来，都需要不抛弃、不放弃的精神。所以只要父母愿意，天然具有这些特性的孩子一定会拉着父母的手，一步步地向前走。

2 陪伴是为了放手

为了孩子争取或保持好成绩，有些父母会牺牲自己所有的业余时间陪伴孩子学习。但时间久了就会报怨：“我在旁边他还能学，只要离开，他的心立刻就飞走了。”但为什么小鱼的父母只陪伴了一个月，小鱼就可以独立学习了呢？

首先，父母坐在旁边不是盯着她作业的质量和速度，而是看自己的书；其次，父母对女儿的作业只签字不检查。这两点反映出小鱼的父母更关注女儿的学习习惯和对自己负责的意识，而不是作业和考试的结果。这样的做法不仅促使小鱼学习更自觉，也为她储存未来的潜力埋下了伏笔。

其实所有人都懂得这个道理，但过于担心孩子成绩下降，是一些父母不敢放手、也不愿放手的主要原因。然而，每个人都要为自己的选择和行为承担责任，在孩子的教育问题上也是如此。

如果父母并不特别关心孩子的成绩，而只关注他是否想学习、爱学习、会学习，孩子就会自觉且独立；如果父母只关注孩子的成绩，而忽略他的习惯、兴趣、心情，孩子就会厌倦和逃避。结果就是，为了培养习惯的陪伴总是放松和暂时的，孩子则越来越主动和自律；为了成绩和排名的陪伴总是紧张和长久的，孩子则越来越被动和松懈。

同时，并不是父母与孩子的距离越近，心就越近。很多孩子拒绝父母关心与反抗父母管束的原因就是缺少自我空间。父母只要“人在心也在”，就会给孩子足够的温暖和支持，其他更多的照顾与督促反而会成为他前行的困扰和阻碍。

3 对比的负作用

拿其他孩子的优点与自家孩子比较，是父母激励孩子找差距、求上进的常用手段。这种方式的好处是直观简单、容易理解，可以为父母省去解释、说服的麻烦，但同时也存在几个负作用。

（1）注重结果，忽略个性。

影响成绩和排名的因素除了父母特别看重的努力程度以外，还有个人的理解能力、专注度、思维模式和情绪变化等方面。因此，以结果论英雄的做法会忽略和掩盖一些深层次的问题。小鱼说：“在弹钢琴这件事上，我觉得自己没有什么天赋。”或许缺乏兴趣才是小鱼不努力练琴的内在原因。

（2）注重目标，忽略本心。

为了目标而努力是值得鼓励和提倡的，但如果忘了自己的初衷，没有收获和快乐，只有忍耐和痛苦，就需要反思了。就像小鱼所说：“本来可以因为喜欢而一往无前地把事情做好，但如果总是存着战胜别人的念头，就会渐渐偏离自己的本心。”

（3）激发孩子产生对立情绪。

小鱼在别人眼里绝对是个“学霸”，是很多家长口中“别人家的孩子”。但即便如此优秀的女孩，也会因为受到这样的批评而耿耿于怀，其他孩子的感受更可想而知了。“对比”是为了激励，而不是树敌。不与同学、朋友为敌，不与父母为敌，也不与自己为敌。

与正向作用相比，“对比”的负面影响要大得多。所以一定要尽可能少用、慎用对比，特别不要在固定对象身上一再重复。

（三）家庭会议是共同进步的好方法

批评与自我批评

小鱼妈上学时，学校鼓励同学之间通过批评和自我批评互相沟通、化解矛盾。她觉得这种方式非常有效，就用在了与女儿的交流上。

小鱼妈说："家庭会议从女儿很小就开始了。吃过晚饭以后，我们会单独找个时间坐下来一起谈谈。有的时候是让她改正缺点，有的时候就聊聊她的学习和生活，我们感觉这样的交流比较深入。同时，我们也会接受女儿的批评，让她有平等的感觉，所以她很接受这种方式。"

每次开会之前，小鱼的父母总会把要谈的问题提前准备好。开会时，小鱼为了提醒自己改进，也会把父母的意见记录下来。小鱼说："我挺喜欢别人指出我的缺点。首先我知道对方不开心了，以后可以避免，同时这也可以督促我进步。有了事情就说出来，一起讨论、互相体谅，这样对每个人都好。"

家庭会议不仅能够解决日常小事，在小鱼经历青春期情感萌芽时，也起到了很大作用。小鱼爸说："开始我们可能有点惊慌失措，比小孩子都紧张。后来冷静下来，发现其实没有那么严重。于是在家庭会议上，我们告诉她对异性有好感是正常的，我们也不太反对她跟男孩子交往，但要多考虑一些问题。我们很多事情都是这样处理的，把握大局的同时引导一下，最后都能解决。"

"我考清华、你戒麻将"

小鱼上高三时，有一次生病，小鱼妈开车带她去医院。那时小鱼妈刚学会开车不久，还不熟练，停车时差点撞到人，把两人都吓了一身冷汗。

与此同时，小鱼爸正在朋友家打麻将。其实小鱼爸平时很少玩，凑巧遇到这样的情况，他心里很过意不去。

晚上，一家人开了家庭会议。小鱼对爸爸说："我每天都在努力学习，可是你却在玩，我很不开心！现在我的目标是考上清华大学，那么你也要改正一个缺点。你既然说不玩麻将了，那咱们签个协议吧！"从那以后，小鱼爸真的好几年没碰过麻将，他说："我必须要给女儿做榜样呀！"

缓解僵局

既然家庭会议允许批评，就难免碰到意见不一致，并且互相不能说服对方，陷入僵局的时候。小鱼说："这时我们就会停下来，各自回屋，过一会儿等情绪冷静下来再讨论。如果遇到谈话无效期，就换一个时间或换一种方式。"

虽然小鱼的父母总是希望女儿能够采纳自己的意见，但如果她在一些事情上一意孤行，父母也不会把自己的意见强加到她身上，而只会对她说："虽然我们知道你这样做是错的，但你那么想做，就先去做吧。回过头来，你就会认同我们的。"

小鱼说："我经常头脑发热想去做某件事。例如，初中有一阵子，我突然很想学画画。那时虽然他们觉得太浪费时间，又影响学习，但是并不反对我去尝试。当我有好的画作，他们还会和我一起欣赏。虽然最后我确实没有时间坚持学下去，水平也不太好，但他们还是会支持我。"

小鱼爸说："我觉得父母如果对孩子干预多了，当她遇到事情时，就总想问爸爸妈妈的意见，而不是自己做决定。妈妈可能更希望孩子没有磕碰，总是顺利。我却总是鼓励女儿出去闯一下，做自己喜欢的事情，不要怕挫折。"

1 平等，在亲子关系中意义重大

在孩子与父母之间经常有这样的对话。

爸爸："让你去睡觉，怎么还不去？"

孩子："让你戒烟，怎么还抽？"

爸爸："现在说你的事呢，别转移话题！"

孩子："为什么只许你说我，不许我说你？"

虽然有些孩子嘴上不说，但在父母批评自己时，也是这样暗自嘀咕，而且只要有了这样的想法，孩子对于父母的要求要么敷衍、要么抵触，也就是所谓的"不听话"了。

被人批评总会有不爽的感觉。即便心里知道对方说得都对，也不可能总是以愉快的心情接受。因此如果孩子总是处于被批评、被指责的地位，怎么可能心甘情愿地接受呢？但是如果父母允许孩子批评自己，让他获得对等的权利与地位，他就能平心静气地接受父母的意见，改进的效果也更好。

小鱼之所以愿意听取父母的建议，就是因为父母给了她平等发表意见的机会。而且，不仅过程严肃、态度诚恳，他们还会认真对待、努力改进。有了父母这样的态度和行为对照，孩子在接受批评时，当然会心平气和、口服心服。

父母与孩子平等相处最重要的衡量标准是：能否平和地面对孩子的批评，能否真诚地接纳孩子的建议。这对很多父母来说，是一道坎。但只要迈过去，与孩子没有隔阂的交流就会柳暗花明、水到渠成。

2 “早恋”的价值

青春期的男孩和女孩相互吸引，是人类进化的结果。之所以被冠以“早恋”，是因为在目前的社会现状下，这个年龄段的孩子还无法经济独立，也不能承担家庭责任。同时，随着受教育程度的提高，人的自我意识和精神需求也将发生变化。这都使得青春期的感情萌芽会经历很多考验和挫折，以致最终成功的概率很小。

然而，并不只是走向婚姻的恋爱才有价值。就像青春期逆反一样，这也是孩子发现自我、追求自我过程中的一部分。在学校里，最受欢迎的往往是学习成绩好、体育成绩优秀、爱帮助人或相貌出众的孩子。如果因为对真善美的追求受到责备，是非常不公平的，也是孩子无法接受的。

当然，谈恋爱对孩子的学习一定会有负面影响，如影响上课和写作业的效率，并占用大量时间。但是，父母不必因此就对孩子严管严防、如临大敌，而要像小鱼的父母那样，在把握大局的同时引导孩子以更长远的眼光看问题。父母的激烈反对往往会让孩子产生更加对立和冲动的情绪，而善意的引导则会让男孩懂得承担责任，让女孩学会自我保护。

还有的父母会把自己的观察和分析告诉孩子，这样孩子就可以从父母那里学会比感情冲动更重要的理性分析和判断方法。

总之，青春期的懵懂感情是自然而美好的。父母只要认清这一点，就一定能帮他平稳度过这段时期，并留下美好的记忆。

清华学子家庭成员

妈妈：阿菊

爸爸：阿堂

儿子：小五（化名）

扫描二维码
听原声采访

清华学子名片

幼儿园： 上海杨浦艺术幼儿园

小学： 上海闸北区第三中心小学、上海中原路小学

初中： 上音杨浦学校

高中： 上海格致中学

本科： 清华大学心理学系

硕士： 美国哈佛大学艺术教育专业、英国牛津大学社会干预专业

爱好和特长： 大提琴、萨克斯管、吉他

初中阶段所获奖项： 上海“海曲杯”青少年大提琴比赛一等奖

高中阶段所获奖项： 上海唐远君教育基金会奖学金二等奖、两篇文章同获全国中小学校园文学大赛一等奖和二等奖、格致中学年度人物等

大学本科所获奖项： 清华大学文艺优秀奖学金和学业优秀奖学金、全国高校交响乐比赛集体一等奖等

三人行，必有我师。

小五自述

我爸对我影响最大的是要强和坚持，他超强的毅力是我坚持拉琴的动力。同时，他总能很理性地分析问题，给我讲道理。在我眼里，他的说和

做高度一致，这就是榜样吧。

我妈是个很聪明的人，而且社会经验非常丰富。她觉得现在是她过得最好的生活，而且为这样的生活感到快乐。她也是爸爸对我严格要求的柔软剂，让我觉得生活总是美好的、有依靠的。

我从小受到了父母的严格管教，而在长大些之后，他们把命令式的教育改为了朋友式的交流。当我不认同他们的看法时，可以说“这是不对的”或者“我有其他的想法”。所以，我们之间更多的是平等的交流。

对于有些孩子来说，父母不一定理解他的想法，或者没有时间与他聊天。但我的父母在这一点上做得很好，他们是我无可取代的倾诉对象。

（一）主动选择的爱好才能融入生命

初识“大提琴”

小五与大提琴结缘实属偶然，因为妈妈带他到艺术幼儿园报名时只有大提琴班还没有报满。开始他对这个“大玩具”一无所知，是可爱的老师让他逐渐喜欢触摸和拉动。

升小学前，小五参加了第一次大提琴等级考试。考试结束后，有位和蔼可亲的女老师特意出来，对正在外面忐忑等候的小五父母说：“这个孩子很有音乐灵性，希望你们好好培养，坚持下去肯定会有收获！”同时，她也指出了孩子演奏中的不足之处，诚恳的态度让他们非常感动。

为了儿子的专业发展，回家之后，小五爸凭着对相貌的记忆，执着地在上海音乐学院附中门口守了两个星期，才终于等到了这位对儿子慧眼识珠的邹老师，并促成了他们其后十多年的师生情谊。

小学三年级时，小五和父母面临着一次意义重大而艰难的选择：要么考音乐附小，这意味着小五将来必须放弃学业，走专业道路；要么留在普通小学，那样他以后只能将大提琴当作特长而不是专业。

纠结了很长时间，小五的父母最后决定还是让儿子以学业为主，其中最重要的原因是小五当时的学习成绩不错，每天上学也总是开开心心的。他们觉得儿子既然可以兼顾，就不要过早地断了他继续学习文化知识的路。

从坚持到享受

小时候，小五即使用最小尺寸的大提琴——红木琴弓，对他来说仍然是沉重的负担。他的动作总是变形，不是胳膊的位置不对，就是拿弓的手势错了。相对于学新曲子的快乐，漫长又枯燥的重复练习总是让他提不起兴趣。再加上年龄小，个性又活泼，挨打就是必然的了。

小五说："那时父母对我特别负责和严格，他们的理念是'小的时候做规矩'，所以下手都挺重的。那时我拉琴不好会被打，学习不好也会被打。"

三年级的时候，小五因为身体原因，很长一段时间没有碰琴。然后有一天，小五爸指着靠在墙角、已经积了厚厚一层灰的大提琴问儿子："我给你一天时间考虑，如果还想学，咱们就继续，不想学也没有关系。"妈妈也对他说："如果你不拉琴了，我就把它卖掉。"

听了父母的话，小五不知怎么当时就流了泪。他至今记得，那是他人生中第一个需要自己做出的重要决定。认真思考了一天后，他对爸爸郑重地说："我想继续学下去。"于是隔了两周，小五爸花4万块钱给儿子买了一把成人使用的大提琴。摸着做工精细、音质纯美的新琴，小五发现自己从那天开始，突然喜欢练琴了。

那个暑假，小五把全部精力都投入到一个重要比赛的准备中。虽然每天花6~8小时重复练同一首曲子，可他非但没有以前的烦躁和厌倦，还觉得非常享受和开心。

小五说："以前，我拉琴的声音不是特别好听，也没有意识到大提琴对我的重要性，更谈不上艺术追求，只是因为父母让我坚持才去练琴。但从那之后，兴趣突然就来了，我开始探索这个乐器。"

学业与音乐齐头并进

小时候，所有老师对小五的评价都是"这个孩子挺聪明，就是不用功"。小五也感觉自己学琴和学功课都很快，但是等别人追到了跟前，他却还是停留在原地。

这种情况在初二时发生了质的改变。小五说："可能那时候自我意识开始觉醒，也可能是为了在同学面前炫耀，我认为自己应该做出一些改变。同时，我也开始慢慢体会到了邹老师一直向我传递的'艺术是什么'，以及怎样练琴才能从中获得快乐。"

小五一方面在父母的建议下找学校的任课老师查补知识漏洞，另一方面把所有的业余时间都用于练琴。也就是在那一年，小五同时拿到了学习成绩的年级第一和全市业余大提琴比赛一等奖。小五爸说："那一次的成功，好像把他内在的潜力激发出来了，他感觉自己越来越有奔头！"

到了高中，不管是音乐还是学业，小五更加不想放弃其中任何一个。为了保证每天两小时的练琴时间，以及晚上10点半的睡觉时间，小五总是想方设法在回家前把作业都写完，有时甚至在地铁里赶作业。

小五说："那时我会在语文课上做数学作业或在英语课上做物理作业。因为能够很好地把控自己的注意力和节奏，我不仅能够完成作业，还能掌握老师讲课的重点。但是这种做法却把周围的同学'带坏'了，他们上课不听讲，作业也没写好，所以那时老师总批评我。"

经过刻苦而高效的努力，高考时，小五以音乐特长生的身份考入了清华大学。毕业后，他又拿到了全额奖学金进入哈佛大学深造。

享受音乐的魅力

当小五后来教小孩子拉琴时，仍然记得邹老师当年对他说的话：“你拿弓时，要感觉手里像握了一个鸡蛋或网球，而不是乒乓球，拉弓的感觉是把鸡蛋或网球往外扔。”正是这样严谨又易于理解的基本功训练，使得小五能够比别人更快地掌握演奏技巧，并且将自己的理解游刃有余地表达出来。

为了调动孩子们的学习兴趣，经验丰富的邹老师不仅总是尽力给学生提供公开演出的机会，让他们尽情地展示自己，还经常组织相互观摩和交流，并在旁边指导点评。这些方式不仅激发了小五练琴的积极性，也让他在枯燥的重复中逐渐开始感受音乐的魅力，思考音乐的内涵。

小五说：“我之所以能够比较顺利地走到现在，除了老师的指导和自己的天赋以外，还因为在关键期意识到了自己应该更积极地发展，应该用自己的能力去做些事情。如果缺了这一步，只是为了练琴而练琴，就很难享受到音乐带来的快乐，也很难坚持下来。”

谈到西方的儿童音乐教育，小五说：“我后来接触过不少欧美国家学音乐的孩子。他们的技法可能不如中国孩子，但都很热爱音乐。每当谈起音乐史、喜欢的指挥家和乐团时都滔滔不绝。我觉得，这才是真正喜欢音乐的人。希望我今后能培养出更多这样热爱音乐、热爱生活的学生，希望他们不要仅仅为了考级而整天练琴。”

1 艺术滋养人文情怀

艺术对人最重要也最直接的影响是：人们可以通过艺术手段表达自己的细腻情感，也可以在欣赏艺术时找到自己的知音。这种无形的情感交流可以消除孤独与寂寞，使人获得平静与欢愉。所以艺术，尤其是音乐，已被公认为缓解压力、纾解情绪的良方。从这个意义上讲，即使孩子不像小五那样有天赋，父母仍然应该引导他亲近艺术、了解艺术，不要认为那是“副科”而忽略。

艺术是人类文明史的产物，除了熏陶性情、丰富情感、提高个人修养外，它也成了社会角色和社会交往的需要。今天，一个人如果对艺术缺乏必要的接触和认知，就会被认为社会属性有所欠缺。同时，随着时代的发展，社会对人才的要求逐渐从高技能向高综合素质转变，一个具有艺术修养的人可能会走出更加独特的路。就像苹果的创始人乔布斯，他在大学期间选修的美术字课程，让他设计的电子产品从冷冰冰的机器变为温暖的精灵。

当然，学习和欣赏艺术时，父母应该顺应孩子的兴趣。一方面，艺术感受非常个性化，沉浸与享受都是强迫不来的。另一方面，为了升学而考级，为了考级而练习，会使本应带给人愉悦和享受的艺术变成负担和痛苦，那就与父母的初衷南辕北辙了。

2 从爱到恨的距离

虽然很多父母总是督促学乐器的孩子多练习、快考级，但真正想让孩子以音乐为职业的并不多，更多的是希望他借此修养身心。但是我听到了太多孩子考级后再也不碰乐器的事例，绝大多数都是源自父母打骂、强迫造成的阴影。

小五的父母为了让儿子坚持，最初也有过这样的行为。但他们在最关键的时候让他自己决定是否继续学习大提琴，无疑是非常正确的做法，而这也是小五开始主动练习和长期坚持最重要的原因。

学习音乐是为了自己的快乐和愉悦，而一旦走入与别人攀比和向他人炫耀的误区，就免不了会陷入痛苦与折磨。学习音乐是为了放松和享受，而一旦成为不得不完成的任务，甚至提起练琴想到的除了屈辱与疼痛再无其他，紧张与焦虑就会让人整日不得安宁。

现在最流行的一句话是“不忘初心”。在孩子学乐器的事情上，父母也需要经常反省自己的“初心”是什么，现在的状况又产生了多大的偏移。如果孩子对学乐器过于抵触，父母不妨让他暂时停下来缓一缓。确实不感兴趣的孩子，索性就让他彻底放下；而真正感兴趣的孩子会像小五那样，累积的欲望会让他在合适的时机再次出发。

3 难熬的起步阶段

小五说：“我小时候坐不住，很难把一件事坚持到底。即使知道只要坚持就能做得很好，可还是不愿意去做。”这不仅是小五的特点，也是那个年龄阶段孩子的共性。但是对于学习乐器来说，“童子功”又是非常重要的，那么怎样在保护孩子兴趣的前提下，让他尽可能多地练习呢？

小五经常问跟他学琴的初中生：“你为什么要学大提琴？”如果回答是父母逼着学的，他就会说：“如果你坚持了两年还是不开心就不要学了，因为对音乐的热爱是强求不来的。”在这个问题上，孩子的天分是必

须要考虑的前提。小五说：“我听小孩子拉第一声，就能知道他是不是有天分。”作为父母，只有坦然接受人与人之间的差异，才能理智决定孩子未来的教育形式和培养方向。

我认为，对于音乐天分不突出的孩子，父母可以适当降低要求，以保护他对音乐的兴趣为主；而对于那些音乐感知力较好、兴趣也较高的孩子，父母可以配合老师，要求他加强基本功训练。

小五觉得学习在音乐中寻找快乐对他的坚持也非常重要。像邹老师那样，经常给学生创造演出和交流的机会，让他们不时感受到被人欣赏、受人喜爱，他们练习的积极性就会不断地被激发出来。小五说：“有时我教小孩子只用五个音就能拉出《茉莉花》，告诉他们用卡农和弦就能弹奏中国50%的流行音乐。虽然他们现在还不能理解什么是和弦，但是只要能听懂音乐，就可以感受到音乐背后蕴藏的巨大力量。”

（二）用心交谈用心爱

今天“没队长”

小五上小学的时候非常调皮，不是用扫帚把日光灯打碎了，就是老师已经开始上课，他还在教室后面玩呼啦圈。小五妈说：“那时候我特别操心，总是担心他闯祸。每次被老师请去学校，别的同学都放学了，就只剩我和他坐在椅子上被老师训，损坏了东西还得赔钱。”

小五是班干部，但是一犯错误老师就撤他的职，所以他一会儿是中队长，一会儿又变成小队长。有一天，邻居看他没挂班干部标志，就说：“哎呀，今天怎么‘没队长’啦？”可过几天考了好成绩，老师又让他继续当中队长。

自家孩子聪明，小五的父母很清楚。也正因如此，他们特别担心儿子变坏。小五一年级时，同桌男孩的父母对孩子疏于管教，小五跟他玩到一起后，很快就变得不爱读书了。小五妈发现了这个苗头，赶紧找老师给儿子换了座位。

小五妈说："我觉得环境对小孩子的影响太大了。聪明的孩子不引导，很容易废掉。我一直非常担心！"邹老师也告诉他们："小孩子走路歪歪扭扭没关系，就是不要走到路外面去！"

且打且谈心

小五妈说："我家儿子三年级之前是被打大的。只要老师告状，我就会打他。"小五爸也说："他小的时候，我管得特别严。大家庭聚餐时，他稍微有点违规，我就冲他眼珠子一瞪，好像要动武似的。"

有一次，小五在自己的房间里偷玩游戏，听到脚步声赶紧关了电脑，结果爸爸进门一摸电脑，发现还烫着呢。小五妈认为："你想玩电脑可以给我们讲，如果不影响学习，我们会让你玩的。但是如果你不老实，这是原则性问题。"

尽管如此，小五一直以来对父母并没有明显的逆反情绪。小五说："很重要的一点是，他们让我意识到打是有原则的，而不是看不顺眼就打。每次打完，爸爸还会跟我谈心，告诉我原因。现在想来，他们都是有道理的，我越大越能理解他们的用心。"

当然，小五对爸爸也有不服气的时候，憋着眼泪不肯认错。这时小五妈总会温柔地对儿子说："如果冤枉你了，就跟爸爸解释嘛。讲清楚了，爸爸就不打你了。你也可以跟爸爸说他哪里做得不对。"

我问小五："辩解之后，有没有出现爸爸批评错的情况呢？"他说：

“我爸爸非常敏锐，大部分还是我错。他从小视力不好，总被人欺负，所以特别敏感，也特别要强。他对我的教育特别用心，纠正我的每一个错误，就是希望我比他强。”

跟老师对着干

小五虽然没有在青春期对父母表现出逆反情绪，却与英语老师出现了对峙，甚至抗衡。小五从初中开始参加校外英语培训，因此对学校循规蹈矩的教学方式非常反感。于是他不仅自己上英语课时做其他科作业，还带着关系好的几个“小兄弟”一起不听课，跟老师对着干。那段时间，他的总成绩从年级前30名掉了到98名。

到了高三，老师怕他影响其他同学，要求他上课必须看着自己，因此小五那时居然练出了睁着眼睛打瞌睡的功夫。高中毕业前，学校要求学生做自我评价交给老师，小五利用这个机会闹情绪，后来经过父母的开导才得以缓解。

小五爸的心事

小五爸视力不好，不仅从小经常被人欺负，还因体检不达标没能如愿参加高考。这对于成绩优秀的他，是个非常沉重的打击。小五爸说：“别人羡慕我有个好儿子，其实我也有一肚子的心事。有的时候我会坐在窗前静想：‘今天的事情我做对了吗？以后应该怎么做？’”

“跟儿子谈心之前我也会考虑很久，怎样才能尽快进入状态。就像儿子拉琴，前20分钟最枯燥，到后面拉曲子就进入角色了。谈话也是，不可能马上跟他进入谈心状态，而是需要一个过程。我的办法是先回忆一下上次谈话的内容，再开始今天的话题。”

小五爸经常对儿子说："我既是你的父亲，也是你的朋友。如果你觉得我讲的不正确可以提出来，但如果我看到了问题不教育你，以后社会就会教训你。"

小五爸总是希望儿子自强自立，他对儿子说："学习需要你自己定目标，那是你的内在动力。如果你考试就是为了得到爸爸妈妈的奖励，那是外延动力，没有用的。你想出国又觉得很难，爸爸也没有办法，只能在你回家的时候帮你买杯牛奶。这些终究是你自己的事，如果没有付出足够的努力，你就不可能达到目标。"

小五爸对我说："像我们这样的工薪家庭，培养一个学大提琴的孩子很不容易。他能够考上清华大学，又获得了全额奖学金去哈佛大学留学，我们真的引以为傲。"

1 不能不谈的"打"

在中国，男孩子很少有没挨过打的。除了"棍棒底下出孝子"的传统观念，也有父母面对调皮捣蛋孩子的无计可施。父母打孩子的高峰时段有两个：一个是小学前的懵懂期，不懂事又不听话，只好用"打"威吓；另一个是"狗都嫌"的小学二、三年级，道理全懂可就是控制不住自己，父母气得没办法，只能打。

对此，父母要充分意识到武力管教对孩子的负面影响。一方面，随着孩子慢慢长大，父母在体力上总有一天会处于下峰，到了那个时候，又要用什么方式教育孩子呢？另一方面，在父母的言传身教下，孩子的个性中

也会包含暴力因子。一旦控制不住，就可能产生非常严重的后果。

从西方的家庭教育实践来看，父母即使不打，也能把孩子教育得守规矩、懂礼貌。例如，处罚幼儿“独处”和对小学生采取限制喜爱活动的措施。相信随着时代的进步和不同国家教育理念的交流，每个父母都能找到不用武力也可以把孩子教育好的方式。

可父母不是圣人，如果一时情绪失控打了孩子，又该如何处理呢？在这个问题上，小五父母的做法特别值得借鉴——深度交流。

从小五的反馈可以看出，只要认可父母的道理，孩子并不会产生过大的心理逆反。更何况小五爸在每次与儿子谈话前，都要考虑怎样才能获得更好的谈话效果。只有孩子感受到父母的理性和克制，他才有可能认真思考父母说的话。反之，如果父母总是情绪化，即便说得再有道理，他也会当作“耳旁风”或故意刁难，教育的目的也就无从达到了。

2 口服心也服

随着孩子年龄的增长，父母在教育孩子时，会感到越来越无能为力，经典语录就是：“我说一句，他有八句等着呢！”有的时候，即便知道孩子说的是歪理，也找不到破绽，或者跟不上孩子的节奏进行反驳。

其实，在困惑的时候，孩子非常希望听取父母的意见。他的托词和狡辩既是自信与抗争，也是纠结与试探。此时，如果父母能够把握机会，提供既恰当而又有说服力的点拨和引导，孩子肯定会心服口服。而想要达到这样的目的，花时间、下功夫就是必须的了。

首先，父母要主动了解孩子的爱好、特长和所思所想。例如，听他喜欢的流行歌曲、玩他喜欢的游戏、和他肩并肩地坐在一起聊天。慢慢地，父母与孩子之间就会有更多的共同语言和切身感受，而不会让孩子感觉与

父母聊天是鸡同鸭讲或索然无味。

其次，父母还应该像小五爸那样经常反思。这样，既可以发现自己在自身修养和教育方法上存在的问题和应该努力的方向，也更容易找到自己与孩子沟通不畅的症结，以及解决问题的切入点。这也就是小五认为父亲“敏锐”，并且能够接受父母意见的原因所在。

（三）养成阅读习惯对孩子影响深远

家里到处都是书

儿子从一年级开始，小五妈每周都会去图书馆，凭自己的爱好和经验借五本书，放在家里的卧室里、沙发旁、饭桌上，但并不强迫儿子看。小五写完了作业，在屋里到处闲逛时，总会随手拿起来翻一翻。这时，小五妈就在一旁默默地观察，只要发现他感兴趣的内容，下次就会有意识地多借这类书。

小五妈说：“我有时候也会和他一起去图书馆选书，否则借回不喜欢的书，他肯定不看。开始，儿子特别喜欢篮球与车的内容，对服饰搭配也比较感兴趣。后来，他的阅读范围越来越广。到了初中，开始喜欢看富有哲理的书，并且对一些作家情有独钟。”

小五开始阅读的速度很慢，后来越来越快，通常一周就能看完很厚的一本书。初一时，有一次他对班主任说：“我已经看完1000本书了！”

看书很酷

上中学时，如果父母有事不在家，就会把小五送到图书馆。在那里，他看了很多经典名著。为了更有“文青”范儿，小五还会刻意看一些难以理解、比较先锋的书，如但丁的《神曲》和米兰·昆德拉的《生命不能承受之轻》。他还读了王小波的《一头特立独行的猪》，在这本书中他好像找到了知音，并且一直以这个形象标榜自己。

小五说："我觉得看书是件很酷的事情。因为别人不看书，所以做这件事让我与众不同。对于看不懂的书，我会特别希望弄明白。如《生命不能承受之轻》，我会被这个书名吸引，觉得生命怎么能是轻的呢？当时没有看懂，就会一直琢磨。所以，阅读让我更愿意去思考，更愿意探究这个世界。"

音乐与阅读

与其他人不同的是，经过十几年音乐的熏陶，小五对世界拥有了比别人更多的内心体验。再加上广泛的阅读和老师的引导，小五的写作水平提高得很快。老师对他作文的评价是："思想深刻"。高中时，小五曾经有两篇作文同时获得了全国中小学校园文学大赛一等奖和二等奖。

高考时，当小五看到《心灵中的微光》这个作文题，就立刻想到了一个特别喜欢的指挥家。虽然意识到写议论文更加稳妥，但他还是抑制不住感情的冲动，根据指挥家的人生经历，并结合自身体验，一气呵成地写了一篇饱含深情的记叙文。

1 阅读不是任务，是生活

让孩子爱上阅读的方式很多，除了父母的陪伴和引导以外，小五妈这种把书籍随意放在家里，以及在没有时间照顾孩子时，把他放在图书馆的

做法非常值得效仿。

父母都希望孩子养成阅读习惯，而每天重复是养成习惯最重要的手段。那么，怎样才能让孩子每天都看书呢？所谓“耳濡目染”，就是让孩子目光所到之处，总有书的影子；在孩子阅读之余，经常与他讨论书里的内容。这样，孩子自然就会对书籍产生亲近感。用书的数量影响孩子，用书的内容吸引孩子，比单纯的督促效果更好。

现在很多父母经常给孩子玩手机的理由是没时间照顾，但其实完全可以给孩子一本书，或者送大一些的孩子去书店或图书馆。“书中自有颜如玉，书中自有黄金屋”，只有通过自己亲身体会，才能甘之如饴。当孩子沉浸在丰富多彩的书籍中时，总会找到自己喜欢的类型，并通过这一点深入、扩展，慢慢被它吸引。

虽然小五通过大量阅读提高了作文水平，但如果以此为目的要求孩子完成每天的阅读任务，就会使原本的热衷变成抵触。只有让孩子感觉到读书是生活的一部分，是不可或缺的精神需要，他才能真正养成阅读的习惯，真正地爱上读书。

2 阅读让孩子与众不同

青春期是父母能够引导孩子爱上阅读的最后机会，契机就是小五所说的“读书可以让我与众不同”。

每个青春期的孩子都希望自己有与别人不一样的特质。无论是形象上的独树一帜，还是精神上的特立独行，都会引发他的向往与追逐。从这个角度说，通过读书获得同学的崇拜与通过玩游戏获得小伙伴的追捧并无二致。

很多处于青春期的孩子，只想与众不同，但对如何才能达到目的并不十分清晰。此时，只要父母抓住契机，在孩子寻找自我、发现自我的敏感期带他进入五光十色的知识世界和风格迥异的精神空间，对启发他的心智会起到非常积极的作用。

同时，青春期还是孩子求知欲特别旺盛的时期，这也是小五渴望深度探索书中疑问的原因。在这个时候，把不同种类、不同题材的书放在孩子的视线内，让他自己选择、自由阅读，他就会很容易变拒绝为尝试、变抵触为畅游。当孩子慢慢体会到知识的广博和文字的力量后，就会越来越乐在其中了。

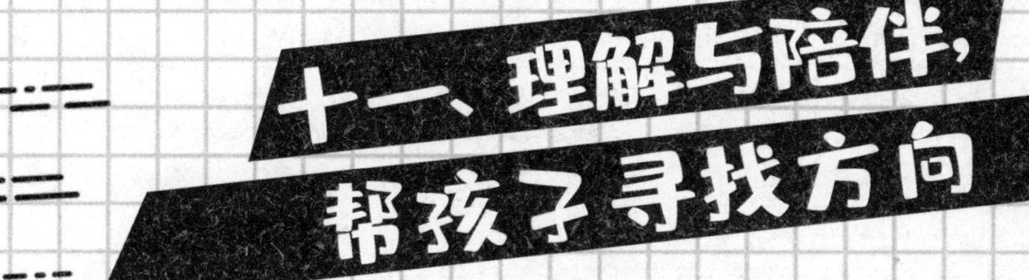

清华学子家庭成员

妈妈：李卫华

爸爸：王守勇

儿子：王日涵

扫描二维码
听原声采访

清华学子名片

小学： 山东省烟台市葡萄山小学

初中： 山东省烟台一中

高中： 山东省烟台一中

本科： 清华大学 信息科学技术学院自动化专业

博士： 清华大学五道口金融学院金融学

爱好和特长： 读书、旅行

高中阶段所获奖项： 全国中学生物理竞赛一等奖等

大学本科所获奖项： IGEM国际遗传工程机器人总决赛铜牌等

让优秀成为习惯！

王曰涵自述

我家的气氛总是非常和谐与融洽。晚饭后散步时，我会跟父母聊聊天，也会跟他们说说自己的困惑。每当我需要听父母的意见时，他们总会把自己的建议告诉我，但不会整天指手画脚。我认为这样感觉不到的“管”才是“管”得好。

虽然对于我的决定，爸爸妈妈并不都同意，但是他们并没有把自己的意见强加给我，总是让我选择自己喜欢的方向。这种被信任的感觉很好，我非常庆幸能拥有他们这样的父母。

进入清华大学后，我的生活圈子扩大了很多，来自全国各地的同学，每个人都有自己的特点。那时我意识到自己的生活习惯、待人处世的方式和思维模式，其实都是来源于父母移默化的影响。基于这一点，我开始理解并接受人与人之间的不同。继续保持自身的优势，并努力让自己变得更好。

（一）在共同生活中影响孩子

孩子就要自己带

曰涵妈的父母都是老师，在她小时候工作特别忙。曰涵妈的母亲每两年就要轮换一所学校，父亲也顾不上家。与父母相比，曰涵妈跟自己的姥姥相处的时间更长，甚至她所有的家务活都是姥姥教的，内心深处她也跟姥姥更亲近些。因此，曰涵妈觉得孩子一定要自己带。

曰涵妈说：“在我们这里，孩子断奶时，通常情况下要与妈妈分开一段时间，这样他就不会总找妈妈了。但我觉得孩子吃不到妈妈的奶，还不让他见妈妈，太残酷了。所以在断奶期间，我始终与儿子在一起，一直没有离开他。”

后来，虽然曰涵的祖父母和外祖父母都对孙子既不娇纵也不溺爱，还能给予他恰当的知识教育，但从上幼儿园开始，一家三口就一直独立生活在一起。

放弃条件优越的寄宿学校

在他们居住的城市，有一所很好的寄宿中学。小学升初中时，有亲戚建议曰涵去那里读书。面对大家趋之若鹜的学校，曰涵妈却有自己的看法。她认为，初中阶段是孩子成长最关键的时期。如果孩子不能每天回家，就不能在遇到问题的第一时间与父母交流，父母也就很难及时了解他的心理变化。

曰涵妈当时在一所中等职业学校任教，学生都是初中毕业的孩子。她发现初中老师往往更关注成绩和升学率，但对学生的思想动态关心不多。有的老师急于求成，甚至会说一些伤孩子自尊心的话。她说："我曾经有个很聪明的学生，之所以没有继续上普通高中、考大学，就是因为老师经常骂他是个熊孩子。"

曰涵妈还说："有人说住校可以锻炼孩子的自理能力，但是自理能力在家就不能得到锻炼吗？再说大部分孩子18岁以后就要外出求学，独立生活了。在这十八年中，父母尽可能多地陪他共同生活，与他共同成长，也就拥有了更多、更好的教育孩子的机会。"

学音乐为享受

曰涵是从幼儿园中班开始学二胡的。在之后十多年的学琴生涯中，他像很多孩子一样，为了练琴被父母敲打。但与他们不同的是，父母更关注的是他的兴趣和心理需求，而不仅仅是考级。

中间，曰涵有两次想要放弃。第一次是新老师认为前一个老师教得不规范，让他改"毛病"，于是曰涵和妈妈每次上课都要面对老师的训斥。面对想要退却的儿子，曰涵妈说："只要你心里还有一点喜欢，被骂也要坚持。"第二次是初二，曰涵想放弃练琴，集中精力学习文化课。曰涵妈对儿子说："练琴可以帮你排解郁闷、抒发感情，是非常有效的减压方式。而且现在每天只练半小时，应该不会耽误学习。"

在给儿子积极鼓励和适当压力的同时，他们也会掌握分寸，如果曰涵表现得特别烦躁，就不再逼迫他。曰涵爸说："父母如果总是要求孩子必须达到某个分数，他对学习就会产生反感和厌恶的情绪，上学就会很痛苦。所以，如果儿子确实达不到要求，我们也不会过于严厉地逼他，打打折扣也就算了。随着年龄的增长，他慢慢就会找到感觉。”

事实也确实如此，曰涵说：“我现在回家偶尔拉琴，感觉虽然技术有所下降，但对音乐的感知力和表现力比之前提升很多，能够理解很多以前听不懂的曲子。这可能是融入了我这些年的人生感悟吧。”

曰涵父母还认为：兴趣和天分对艺术学习非常重要。他们会在这件事上鼓励儿子坚持，很重要的原因是平时能够真切地感受到他对音乐的喜爱。

沟通让老师更关注

曰涵妈是老师，所以很能体会老师的心思。她认为，如果家长经常主动联系老师，老师就会觉得他们对自己的孩子有更高的要求；反之，则会觉得家长满意孩子的现状。所以，为了让老师更重视儿子，曰涵妈会定时或不定时地给老师打电话，问孩子的表现，与老师交流，及时发现他的情绪和心理变化。

曰涵高一参加全国物理竞赛就取得了二等奖的好成绩，老师怕他继续准备物理竞赛会影响日常课程的学习，就劝他全力准备高考。曰涵妈跟儿子商量时，得知他很想多学知识，并且感觉自己可以两边兼顾，就主动找老师谈，希望他能继续辅导儿子。经过了一年没有周末、没有假期的刻苦训练，曰涵高二时如愿获得了全国物理竞赛一等奖，同时也锻炼了耐心和意志力。

高中时，曰涵的年级排名是前50名。当曰涵妈说希望儿子能考上清华大学时，老师认为根本不可能。但她对老师说：“那可不一定。我觉得曰涵智力水平还不错，在他自己、老师和家长的共同努力下，还是有希望的。”

儿子考上清华大学后，曰涵妈对班主任说："其实那个时候你没信心，我也没信心。但是我觉得应该给他定个更高一点的目标，让他去拼搏。他觉得我们对他有信心，就会更加努力。但是如果我们都觉得他不行，他就真的不行了。"

交流的艺术

曰涵爸的父亲对他的要求一直比较多。曰涵爸说："我已经50岁了，仍然会感觉到来自父亲的压力。所以我与儿子交流时，只是提出我的想法，让他自己决定，绝不强迫他必须听我的。"

曰涵爸每次跟儿子谈事情，从不随口就说，一定会提前想出比较稳妥的方案给儿子参考。他认为：家长的意见未必完全正确，所以孩子可以借鉴，但不需要完全按照家长的说法去做。

高中时学习比较紧张，曰涵爸一般选择在放学路上跟儿子谈一些事情。但如果发现刚说两句曰涵就皱眉头，他就会换个时间再说。曰涵爸说："那时，我不需要他表态。他只要没有反对情绪，听进去思考了，脑子里留下了印象，也就够了。"

高考前，曰涵连续在保送考试和自主招生考试中两度失利，特别失落和痛苦。他说："那段时间，有时我主动跟父母聊天，有时他们主动跟我交流。正是因为他们平和的话语使我的心情慢慢平稳下来，高考时我才能正常发挥。"

1 对原生家庭的继承与反思

每个人在成为父母时，都希望向孩子传递自己曾经享受的爱，然而要避免自己曾经不愉快的感受在孩子身上重演。这种对原生家庭教育理念和教育方式的继承与反思，不仅有益于建立和谐而积极的亲子关系，还能让孩子的发展更适应未来将要融入的世界。

但是，每个人从原生家庭中获得的思维模式和行为习惯早已成为生命的一部分。例如，明明对父亲狠揍自己深恶痛绝，仍然控制不住要打孩子；明明非常反感母亲管得太多，仍然控制不住对孩子唠叨。像曰涵妈那样坚持自己带孩子，以及像曰涵爸那样坚持不强迫孩子必须听自己的，显得非常难得。由此可见，反思只是起点，坚持按照正确的方向不断调整自己、改变自己，孩子才能真正受益。

有些人在反思中，有时还会出现从一个极端走向另一个极端的现象。例如，因为父母对自己过于严厉，就对孩子百依百顺、不敢要求；因为父母对自己不闻不问，就对孩子察言观色、过分关注。所以，对原生家庭的反思，还应该特别注意“度”的把握。

无论自己的童年幸福还是不幸，无论内心深处留下的是美好的回忆还是心理阴影，我们只要能勤于思考、善于继承、勇于改变，就一定能给孩子一个更好的原生家庭。

2 父母的信任，奇妙的力量

可以看出，在曰涵的成长过程中，妈妈一直在引领他的方向。这种引领不是简单地给他制订目标、督促他每天进步，而是通过一切机会表达自己对他的信任，并想方设法通过多种渠道把这份信任传递给孩子。

不得不说，虽然很多父母嘴上说“你只要努力，就一定能更好”，但心里想的却是“因为你不努力，所以不可能更好”。所以，孩子接收到的信息并不是父母语言表达出的信任与鼓励，而是其中隐含的轻视与放弃。

总有人对优秀孩子的父母说：“因为你的孩子优秀，所以值得信任。”然而从曰涵的成长历程中可以看到：正是因为父母的信任，他才能发展得越来越好。虽然父母的信任不是万能的，但它可以把孩子的潜力最大限度地激发出来。

很多人说现行的教育制度过于约束孩子的个性、打击孩子的自信心。但是作为父母，我们是否也犯了同样的错误呢？是否尽自己的最大努力去化解、抵消负面影响，给他更多支持与信任？

父母的信任，是一种非常奇妙的力量。它可以让外界的非议化为乌有，可以使被失落情绪笼罩的孩子看到光明。父母可以没有足够多的财富让孩子物质富裕，但不可以不竭尽全力，为他创造富足的精神家园。

3 “听进去就够了”

“我说得对不对？”“你能不能做到？”这是很多父母批评孩子的结束语。面对父母这种只能有唯一答案的问题，孩子除了点头称是，根本不可能有其他选择。而曰涵爸从不纠结于此，或者说他关注的不是孩子嘴上的回应，而是他是否把自己的话听进去了。

“听进去”的意思是认真听对方的每一句话，并且通过思考得出自己的结论。也就是说重点不在于是否听到、是否同意，而在于是否听到了全部、是否认真思考。如果孩子听不进去，即使答应得再好，也不会有任何

改观；但如果听进去了，即使他当时没有点头认可，只要认为有道理，也会照着去做。

当父母的谈话没有达到预期效果时，不要怪孩子不听话，而应该首先反省自己的态度是否诚恳、逻辑是否严密、表达是否清晰、时机是否恰当。只有当孩子情绪稳定、没有对抗和排斥，且父母的话有依据、有说服力时，“听进去”的目的才有可能达到。这也是曰涵爸总是经过成熟思考并寻找合适机会后，才会跟儿子谈话的原因。

在与孩子交流的问题上，我认为效果大于形式。毕竟每一位父母最想得到的是孩子真心实意接受自己的意见，而不仅仅是一个点头的回应。

（二）读书与行路，和孩子一起成长

跟着儿子看课本

曰涵的父母都是爱读书的人，不管孩子学习的时候，还是晚上睡觉前，他们都会看书。曰涵一家最安静、最温馨的时刻，就是三个人各抱一本书，坐在床头一起看。

他们特别认为：即使孩子跟父母不在一个房间，他仍然能够感觉到父母的状态。所以父母在客厅看书，会让孩子学习更专心、更踏实。而如果父母在客厅里玩手机，哪怕孩子看不到，也很容易分心。

除了看自己感兴趣的书以外，曰涵爸还特别喜欢看儿子的课本。他说：“现在的教科书设计得非常有意思，还能让父母增长知识。所以我经常建议那些不习惯看书的父母，可以从看孩子的课本开始，慢慢再买些其他的书来看。”

看书学教育

曰涵妈说："有人觉得我家孩子表现好，肯定不用操心。其实不是这样的，在孩子的教育问题上，我也有茫然的时候。这时，如果找到适合的书，就会有茅塞顿开的感觉。"

曰涵上幼儿园的时候很喜欢画画。有一次幼儿园举办画画比赛，他画的是"小蝌蚪找妈妈"。本来曰涵画得很开心，可是曰涵妈怎么看都觉得不满意，让儿子画了一遍又一遍。过了些日子，曰涵妈发现儿子渐渐失去了对画画的兴趣，感到非常内疚和后悔，却不知道应该怎么办。

后来，她看了几本美国和日本教育家写的书，逐渐意识到：工作累、家务多、压力大是造成自己对孩子过于主观和苛刻的主要原因。于是她开始有意识地调整自己，心态就平稳了很多。曰涵妈说："不要希望看一两本书就能够解决问题。要想找到问题的症结，需要看很多书，再加上自己慢慢体会才能悟出来。"

给曰涵妈留下印象深刻的书还有《傅雷家书》。她拿这本书比较自己与父母和孩子之间的关系后体会到：父母不应该只关心孩子的吃穿，还要重视他的精神需求。从此以后，曰涵妈总是尽力与儿子进行心灵层面的交流，希望自己能成为他在这个世界上最信任的人。至今，儿子一直与她无话不谈。

热衷户外和博物馆

爬山是曰涵家新年的固定节目，曰涵爸说："我们家新的一年总是从爬山开始。" 每年，一家人还会去不同的地方远游。曰涵说："我很喜欢外出旅行。面对迥异的风景、新奇的食物和独特的风俗，我都会感到好奇、开心和刺激。"

虽然不同的自然风光和风土人情特别引人入胜，但曰涵一家更感兴趣的还是当地的博物馆。例如在北京，他们没有去长城、颐和园，而是参观了自然博物馆、历史博物馆、军事博物馆、天文馆和科技馆。每到一个博物馆，他们就会在那里待上半天，甚至一天。给曰涵印象最深的是陕西历史博物馆。在那里，他看到了历史课本中的人面鱼纹彩陶盆原件。曰涵妈说："百闻不如一见。教给孩子再多知识，都不如带他亲眼看印象深刻。"

曰涵长大后，也非常喜欢博物馆。他说："我去青海自行车环湖赛做志愿者时，好多小伙伴一起去看演出，而我则去了附近的博物馆。现在城市都建得差不多，看不出差别。但如果去博物馆参观，就会知道这里为什么会发展出一个城市，这里的文化特色从哪里来。"

1 父母爱读书，是孩子的福气

毋庸置疑，父母爱读书，孩子一定会受到潜移默化的积极影响。这种影响最直接的好处就是可以让孩子自然而然地养成喜爱阅读和专注学习的习惯。我们常常看到热爱阅读的孩子比同龄人听课更专注、学习效率更高。阅读对于孩子来说，不仅是一种娱乐和消遣，更是一种训练。能够因此享受到学习带来的满足与愉悦，这不是孩子的福气吗？

从孩子长远发展的角度看，跟随父母阅读的脚步，更可以打开一扇认识世界、了解人性、寻找目标、完善自我的大门。父母的经验与阅历毕竟是有限的，而书籍所能提供的缤纷与精彩则是无限的。有了这样的巨大宝

库为他的人生做指导和支持，这不是孩子的福气么？

与孩子保持良好的亲子关系，让他乐于接受自己的引导，并不是一件容易的事。而从书籍中找到自己的提升方向与适合自己和孩子的解决方案，是非常重要的一种成长途径。有爱与智慧并存的父母陪伴，这不是孩子的福气吗？

2 在博物馆中学习

除了“读万卷书、行万里路”，参观博物馆是孩子开阔眼界、增长知识的又一个重要途径。博物馆的种类很多，涉及社会、历史、文化、宗教、自然、科学等方方面面，内容包罗万象。与书籍不同的是，可以观看甚至触摸的展品，会带给孩子更加直接的感官冲击。所以对于孩子而言，博物馆更容易激起他们学习已知知识和探索未知世界的欲望。

但在我们周围，父母带孩子参观博物馆的现象并不普遍。其中一个重要的原因，就是父母自己对于博物馆的内容不了解。由于不能给孩子讲解，一次兴冲冲的参观往往会变成走马观花，父母累、孩子烦，之后就再也不愿轻易尝试了。但其实，现在的博物馆提供了很多服务方式帮助参观者深入了解展品的背景、细节和延伸，父母完全可以充分利用。如跟随讲解员、听讲解器、扫码听讲解和与讲解志愿者交流等方式，都能使孩子得到更多收获。

中国幅员辽阔，很多孩子居住的地方远离博物馆集中的大城市。他们除了偶尔外出旅游外，基本没有参观博物馆的机会和条件。针对这种情况，很多博物馆推广机构应运而生。他们通过网站、手机App等多种渠道，对展览进行视频讲解，对展品进行图片和语音介绍。所以只要父母用心，就一定能找到既便捷又高效的方式与孩子一起参观和了解博物馆。

（三）好习惯和好方法提高学习效率

以下是曰涵关于学习习惯和学习方法的感受和体会。

学习是件有意思的事

我觉得应该从学知识的过程中获得乐趣，否则就会特别痛苦。每次我把一道题解出来或者把一个知识点看懂了，都会很开心、很有成就感。

写完作业就可以玩

我当然很喜欢玩，但我从小就懂得学习和写作业是最重要的事情，玩是其次。如果第一件事做不好，玩就别想了。这应该是父母从小培养和灌输的结果。

根据需要预习

小学和初中的课程对我来说没有那么难，我没有做到预习。那时候如果听不明白，老师可以多讲几遍，也可以个别辅导。但是到了大学，老师讲得很快，我就得提前对老师要讲的内容有个了解。否则，上课很容易精力不集中，容易走神。

比如理科，老师不一定会仔细讲解每个定义或假设，如果没有预习我就不会有太深的印象。讲到后面，当老师突然列一个公式，我就会立刻蒙掉。但如果预习了，我就能很容易理解，印象也会比较深刻。

课后及时复习

如果课后先复习再写作业，我就会很快记住老师上课讲的内容。但如果总是急于完成作业，发现有不会的题目时才想起来看书，学习状态就会被打断，做作业时也不太容易找到思路。

我的中学老师，每次课后都会带着我们一起复习，梳理新知识点。但是到了大学，老师不可能做到这一点，所以课后必须及时复习，否则过不了多久就会忘记很多要点。

在复习时，我有时会突然想明白一些上课没太注意或老师只点了一下的问题。因此，复习还是一个熔炉再造的过程，可以提炼出自己的思考。

分阶段总结

分阶段总结是一个非常重要的学习方法。从中学到现在我都会做知识体系图，不一定是整个学科，而是一章或一个相对独立的部分。主要是让自己对知识点之间的内在关联和逻辑关系更清晰。

上了大学后我发现，有些老师讲课的内容比较分散。如果不能及时把它们串联起来，就会漏掉一些知识点。我感觉只有在复习总结的时候才能意识到整个知识体系的内在逻辑。

写作业的感受

我不喜欢写作业的时候父母坐在旁边。如果他们在旁边坐着，我就写不好。我总会想他们是不是觉得我不好或者有什么其他意图。

总结失利经验

小时候我的成绩一直都还不错，到了中学自然想维持住，不能太丢人。当然也有失利的时候，就想把漏洞补上，把知识学扎实。这时候我意识到不是为了父母去学，而是为了自己。

有一次我考得特别烂，当时不敢告诉父母，实在躲不过去才说的。他们当时没批评我，只是问了一下原因。我顿时感到身上的压力立刻小了很多，于是很快重新进入了专注的学习状态。

对我来说，考试只是一次性的。如果失利，就去分析为什么没考好，把漏洞补上就可以了。我总是想这次考不好还有下次，下次考不好还有下下次，我总有证明自己的机会。

思考

1 舍本逐末，必将南辕北辙

“书山有路勤为径，学海无涯苦作舟”，中国历史上有太多这样的名言警句把学习与吃苦联系在一起。但是不管是“凿壁偷光”的匡衡，还是“悬梁刺股”的孙敬和苏秦，都是为了自己的爱好和目标想方设法勤奋读书，而不是被父母逼迫。

古今中外但凡有成就的人，无一不是投入大量的时间与精力在自己为之奋斗的学业和事业上。他们可能会忍受劳累、饥饿、失败和寂寞，但不管是生活中的艰辛还是事业上的挫折，在学习和探索带来的愉悦与幸福面前都不值一提。

为了兴趣与目标而刻苦，是幸福的；但为了父母的期望和外界的逼迫而勤奋，则是痛苦的。虽然父母对曰涵有更高的期待，但他们更关注他的情绪与状态，而不是在成绩上施加压力。

有人说“没有好成绩，兴趣和目标都是浮云”，然而这种想法正是舍本逐末的真实写照。在我们身边有多少孩子被父母的高目标压得厌学、弃学？又有多少已经被父母放弃的孩子为了自己的理想勤奋工作？

其实，只要孩子爱读书、爱学习，就是值得鼓励的积极状态；如果他还能找到自己的兴趣与目标，无论当下成绩如何，未来都必然有所作为。

2 学习方法的选择与坚持

从曰涵的经历可以看出，每个人都有适合自己的学习方法。如由于上课注意力集中、理解能力强，曰涵在高中之前几乎没有预习。但是对于仅凭上课并不能全部领会知识点的孩子，就有课前预习的必要了。

再如，课后复习与分阶段总结，是非常有效，但也是很多孩子容易忽略的方法。开始，父母可以让孩子每天给自己复述老师的讲课内容，或者让他在一章结束后自己做一张知识关系图。重复次数多了，孩子自然就养成了习惯。

有些父母看到孩子学习时表现得懈怠，总督促他努力上进也不见效。但其实，每个孩子都有上进心，只不过没有找到适合自己的学习方法。此时，父母的适当提醒与指导才是孩子最需要的。

另外，父母经常会要求孩子认真学习，但何为“认真”，很多孩子并不清楚，也就不可能达到父母的标准。因此，父母应该将要求细化，让孩子不仅能理解，还能做到。如认真预习就能够提出不明白的问题；认真听讲就要两只眼睛看着老师，两只耳朵听老师讲课；认真写作业就得桌面上不放与学习无关的东西，不想与作业无关的事情。

在这方面，老师显然比父母的经验更丰富，有些同学的经验也可以借鉴。因此，父母还可以鼓励孩子向老师以及学习好的同学请教。相信，如果以这样的方式帮助孩子，不仅能够起到事半功倍的效果，还能保持和谐的亲子关系。

十二、人格培养，助孩子走得更高更远

清华学子家庭成员

妈妈：陈春平

爸爸：徐小淼

儿子：徐逸

扫描二维码
听原声采访

清华学子名片

小学： 浙江省乐清市白象镇第一小学

初中： 浙江省乐清市公立寄宿学校

高中： 浙江省乐清市公立寄宿学校

本科： 清华大学建筑学院

硕士： 美国哥伦比亚大 建筑学

爱好和特长： 旅行、阅读、羽毛球

高中阶段所获奖项： 全国数学奥林匹克竞赛一等奖等

大学本科所获奖项： 清华大学学业优秀单项奖、国家优秀本科生国际交流项目奖学金、清华之友奖学金等

去生活吧！

徐逸自述

父母对我采取的教育方式，总的来说是放养。除了在学习上有些具体的建议和指导以外，对细节盯得比较少。在这一点上，我非常认同，也感觉自己很幸运。大部分小孩子应该都跟我一样，不喜欢父母事事都管。

我从初中开始住校。因为长时间不跟父母在一起，很多事都要靠自己解决。初一、初二时简直一团糟，到了初三，我开始意识到应该为自己的未来承担责任，状态就逐渐稳定了。这段经历促成了我现在独立的性格，后来遇到事情都是自己做判断、做决定。

在父母们普遍担心的养老问题上，我认为从某种角度来说，父母对孩子责任心的培养，比父母与孩子之间关系是否亲密更重要。特别是父母对待自己长辈的方式和态度，对孩子的影响更大。我的父母对长辈都特别关心和照顾，既出钱又出力，所以我认为自己也有责任照顾他们。

（一）悉心陪伴给孩子更好的习惯和人格

多陪伴才有了解

徐逸的父母都是个性活泼的人，刚结婚时，无牵无挂的两个年轻人很少在家过周末。儿子出生后，他们仍然经常出去，但会带着儿子一起上路。外出的目的地也不再是朋友的聚会，而是公园、博物馆、书店和菜市场。

徐逸第一次外出，是出生41天时被父母放在自行车篮子里带着走的。9个月时被爸爸抱着上街，路边卖肉的小贩对徐逸爸说："如果你儿子会叫阿公，我就给你三斤肉。"结果，小贩在徐逸"阿公、阿公"的叫声中，骑上三轮车夺路而逃。幼儿园时，徐逸被父母抱着坐公交车，认识了很多沿途店铺招牌上的字。上了小学，一家三口坐一个半小时的长途车去市里参观博物馆，晚上就在朋友家里打地铺。

因为每天都有很多时间共处，父母对儿子非常了解。徐逸爸说："在书店里，只要发现他盯着一本书三秒钟以上，我就知道他要买那本书。"父子间还时常出现儿子说上句， 爸爸接下句的情况。有时徐逸不免疑惑地问："爸爸，你怎么都知道啊！"

徐逸爸说："父母经常陪伴孩子，会自然而然地观察他的语言和行为习惯，就能在问题还处于萌芽阶段时，尽早干预和引导。"

徐逸小时候，有一次想拿开水瓶倒水喝。爸爸说："开水很烫，我来帮你吧。"徐逸想了想扭头跑了，却在之后的十分钟内又跑回来两三次。徐逸爸觉得他可能还是很想碰开水瓶，就在他面前向玻璃杯中倒了些热水，又把他的手指贴近玻璃杯。徐逸这下感受到了高温的厉害，以后每次想喝水时，都跑去叫爸爸帮忙。

培养学习习惯要在学前

徐逸妈说："我在初中班做班主任，很清楚孩子的学习习惯必须在上小学之前养成。如果等到入学之后由老师要求和管束，一些之前形成的不良习惯就已经很难改变了。"所以，徐逸父母对儿子的学前教育，更多的是培养他的学习兴趣、能力和习惯。

徐逸妈给儿子讲故事时，总是先让他复述，然后过渡到自由发挥。徐逸爸只要发现儿子注意一个物品或事件超过五秒，就会抓住他的兴奋点，提出问题引导他思考和解决。

看书是徐逸从小养成的习惯，也是最喜欢做的事情。开始父母会把一些自己喜欢的书随手放在家里，他们并不要求儿子必须读，但徐逸的读书兴趣越来越浓，阅读范围也越来越广。

有了这样的基础，徐逸上学后，父母只花了很短时间帮他培养先写作业再玩以及课前预习的习惯。轻松过渡到学生状态后，父母就很少管他的学习了，每天只是陪他看动画片、玩游戏。

上学后，丰富的阅读积累和出色的口才让徐逸经常受到同学的追捧。徐逸妈说："他小时候比较胖，每天被同学围着讲书里看到的故事和笑话时，经常热得满头大汗。讲'脑筋急转弯'有时把答案忘了，就趁着别人冥思苦想时偷偷跑回座位翻书看。"从那时起，徐逸更加热爱阅读，他还让父母订了很多报纸、杂志，上厕所时也书不离手。

做人需要父母教

上初中时，有几次中午下课晚了，徐逸因为在食堂不争抢还礼让同学，自己却没吃上饭。那时有的家长对自己孩子说："你让别人吃了，自己就会没的吃。"徐逸的父母也觉得儿子是不是太守规矩了？

但是他们讨论后认为：做人比成绩更重要。我们的社会未来将变得越来越规矩，守规矩的人也会更受欢迎。所以他们对儿子说："你做得没错，应该守这个规矩!"当然同时，他们也向学校反映了这个问题。

徐逸小时候，父母经常鼓励他大方一些，所以他总是很开心地与别人分享玩具和食物。高二时，徐逸获得市级"小数学家"奖。领到三千元奖金后，他当时就分给了另外两个同去比赛但没有获奖的同学每人一千元。父母听了事情的经过后对儿子说："你真的很棒！"徐逸妈说："后来那两个孩子和他们的家长对我们没有任何表示，但我们仍然认为儿子做的是正确的！"

爱的传递

徐逸小时候，父母经常带他回老家看奶奶。那一天，父母总是先采购然后过去烧菜，徐逸则负责陪奶奶聊天。每逢各种大小节日，爸爸还会对儿子说："爸爸妈妈要给奶奶生活费。她比较喜欢你，你拿给奶奶，她会很高兴的。"于是徐逸就兴冲冲地举着钱跑到奶奶跟前，郑重地把钱塞到奶奶手里。

奶奶去世时，徐逸写了一篇作文《永远的奶奶》，里面有这样一段："万籁俱静的夜里，突然之间有狗叫。以前每次我离开的时候，奶奶都会在后面讲‘你要注意啊！’但突然一下后面没了声音。”这篇作文把徐逸父母和老师都看哭了。

父母对长辈的关爱，对徐逸产生了潜移默化的影响。上大学时，有一次妈妈到北京看徐逸前，不小心把脚扭了。徐逸知道了情况，先分别给父母打了电话，让妈妈少活动，让爸爸看护好妈妈，之后又在学校附近的医院为妈妈挂了专家号。父母到的那天，他骑着电动车载着妈妈，还带了一辆自行车给爸爸，把父母从地铁站送到了住宿的宾馆。晚上一起吃饭时，他知道妈妈减肥，所以选的是素菜馆，点的都是不油腻的菜。徐逸妈看着懂事的儿子，心里非常感动。

第一次打击

徐逸从初中开始住宿，父母非常关心他的心理健康，每周都会去学校看他两次。他们总是特意多做些饭菜放在暖锅里带过去，请他同宿舍的孩子一起吃。如果偶尔没有按时去，同学就会问徐逸：“你爸妈怎么还没来？”

即便如此，徐逸还是在初二时遇到了人生中的第一次打击：他去天津参加全国数学竞赛时意外失利了！回来之后，徐逸只要看到数学试卷就紧张，脑子一片空白，并且开始冒汗。他总感觉自己心跳很快，坐在车上还会说：“爸爸，把车门打开，我胸闷，透不过气了。”父母带他去医院检查。通过心脏监测，医生诊断一切正常，他们才确认这些“症状”是考试失利带来的心理影响。

为了帮儿子尽快缓解压力，父母在学校附近租了房，并请外婆在这里陪徐逸住了一段时间，给他做饭、陪他说话。在这期间，徐逸父母经常过去跟儿子随意聊天，有适当的机会就跟他讲：“你的身体没问题，一次考不好也没关系，继续努力，以后还有机会。”大约一个半月以后，徐逸告诉父母自己没事了，一切都恢复了正常。一年后，他顺利地拿到了全国数学竞赛一等奖。

类似的挫折，徐逸在高中时还遇到过一次，那次他没能如愿考入数学奥赛国家集训队。他说：“我那时已经知道应该为自己负责，知道自己的路应该往哪个方向走，所以心态好很多。但是初中时年龄小，遇到这样的问题比较懵，完全不知道应该怎么办。”

对于父母的陪伴方式，徐逸非常认可：“他们非常关心我，也会与老师沟通，但从不干涉我具体的事情，也不指导我应该怎么做。我可以完全按照自己的计划安排学习和生活，而他们只是给我最需要的精神上的支持。”

徐逸父母特别欣慰于儿子对他们教育方式的认可，徐逸妈始终记得儿子小时候曾经严肃地说：“我一直在想一个问题，就是将来怎么像你们教育我这样，教育我的孩子？”

1 培养学习习惯是父母的责任

认为应该从小学一年级开始培养孩子学习习惯的父母不在少数，然而看了徐逸父母的做法就会明白：培养学习习惯最好在上学之前。有些父母不希望孩子过早学习知识，因此对提早培养学习习惯也非常抵触。然而，看了徐逸父母的做法就会明白：学习习惯绝不仅仅能够帮助孩子学习知识，更重要的是引导他想学习、爱思考。

那么，在孩子上学前，父母需要在哪些方面付出努力，才能像徐逸父母那样，在他上学后可以很快地放手呢？

首先，学习的原动力是好奇心和探究欲。在这方面，孩子拥有天生的敏感和勇气，父母所要做的就是引导和发掘，至少也要做到保护或者“不打击”。同时，让孩子从小亲近书籍和文字，利用多种方式使他从中获得乐趣和成就感。文字是知识的载体，只要孩子从小把它认作自己一生的伙伴，即使学习再枯燥，他也不会感觉乏味；即使成绩不尽如人意，也不会消磨他对未知领域的向往。

从表面上看，要求孩子上课认真听讲、回家先写作业再玩是需要培养的学习习惯，但对于一个有探索精神和求知欲，并且喜欢读书的孩子来说，那不过是形式上的规范而已，源于自己内心的需求，才是他愿意遵循外界约束的原因。

2 有质量的陪伴才能防微杜渐

“心有灵犀”是一种很难得的境界，它的出现必然基于彼此间充分的相互了解。就像徐逸爸看儿子盯一本书三秒，就知道他想买；儿子说上句，他立刻能接下句。这些细节体现的不仅是父亲对儿子细腻的爱，更说明他花了足够多的时间和心思陪伴儿子。在徐逸遇到挫折和打击时，父母很快就找到了解决方法，并且在最短时间内帮他渡过心理难关重新上路，也说明他们对于儿子的陪伴是高质量的。

有些父母在孩子出现问题时常说：“以前都好好的，不知怎么就变成现在这个样子。”事情的发展都会经历从量变到质变的过程，孩子由正常到异常也一定有所征兆。如果父母陪伴孩子的时间屈指可数，或者“身在曹营心在汉”，又怎么能在问题的萌芽期就尽早发现并及时化解呢？

还有些父母在孩子出现问题时不知所措，这是对孩子缺乏足够了解的表现。觉得孩子所有的问题都会随着年龄增长迎刃而解的放松心态，会削弱父母对孩子的关注度。而缺少了足够的关注和了解，父母当然无法在短时间内找到最适合孩子、最恰当和最有效的解决方法。

父母的过度关注会引发孩子的逆反，父母的忽视同样会使孩子的成长之路充满坎坷。因此，有质量的陪伴，是父母负责任的体现，也是孩子顺利成长的保障。

3 “学霸”也需要心理关怀

有些“学霸”的父母，不仅对孩子的学业放心，并且相信他处理人际关系、自我管理和情绪调节的能力也比同龄人更高一筹。这种信任原本非常可贵，但他们却可能忽视遇到较大挫折给孩子带来的心理冲击。

一般来说，学习越好的孩子，对成绩的偶尔失利越敏感。因为他清楚地知道老师的信任、同学的羡慕、学校的荣誉都与自己的好成绩密切相关，甚至认为一旦成绩下滑，父母的关爱和朋友的情谊也有失去的可能。因此，在父母眼里完全不用担心的小失误，在孩子心里却可能是天大的事情。

在这种情况下，父母如果没有及时察觉孩子的情绪波动，或者高估了他的自我调节能力，没有给予及时的关心、充分的支持和适当的帮助，孩子就有可能出现学习成绩持续下降、情绪一蹶不振、失去学习动力甚至更加难以预料的后果。所以，徐逸父母在儿子遇到挫折时及时陪伴与疏导，对徐逸后来在学业上顺利发展起到的作用是非常重要的。

其实，孩子并不如我们想象的那样成熟，他也需要父母的指导；孩子并不如我们想象的那样勇敢，他也需要父母的支持；孩子并不如我们想象的那样坚强，他也需要父母的拥抱。即便孩子是“学霸”，父母也不能忽略他的心理状态和心理需求。那种把孩子完全当作成年人对待的“省心”心态是要不得的。

（二）从教师角度看家庭教育

“公子哥”和“破烂爹”（讲述人：徐逸爸）

我们班有个成绩不好的孩子，平时衣着像个“公子哥”。有一次，请他爸爸来学校，我看他爸爸竟然穿得像个捡破烂的。

我对这位爸爸说：“如果你们继续把最好的东西都给孩子，他长大后肯定会‘坑爹’，只是不知道那时你还有没有东西让他‘坑’！”这位爸爸是个农民，非常朴实地问我：“老师，这样真的不对吗？我们农村里都是这个样子。我们这辈人吃苦没什么，但是再苦不能苦孩子。”我说：“孩子成为现在这个不懂事的样子，就是你们这样做的结果。正确的做法应该是：你吃什么就让他吃什么，你穿什么就让他穿什么。”

然后，我用手机拍了张照片拿给孩子看，让他对比自己与爸爸的穿着。我说：“现在请告诉我你的感想，并且说出理由。”他听了以后一声不响，我知道他觉得理亏，就接着说：“我想你知道以后应该怎么做了。”

第二个学期，虽然他的成绩还不好，但是懂事多了。他爸爸给我打电话，说孩子现在回家会洗衣服了。

如果一个人不懂得尊重别人，不懂得感恩，学习再好也没用。所以，父母应该特别重视对孩子进行这方面的教育。我常听家长说一句话：“孩子长大了就会懂道理的。”但是这怎么可能呢？父母不给他讲道理，他永远也不会懂！等他长大了，养成了坏习惯，那时想改都改不了。

教孩子学会尊重与感恩（讲述人：徐逸妈）

我班里有个孩子，父母离婚后他跟爷爷奶奶住在一起。他让父母给他换一部新手机，父母不同意，他就跟爷爷奶奶闹，还威胁说不买手机就不去读书了。结果因为爷爷奶奶也不答应，他就离家出走了。

我对他的父母说："孩子成了现在这样，你们是有责任的。"但是爸爸说："我现在再婚了，顾不上他。"妈妈说："我也觉得亏欠孩子，但我管不了。"我说："你们既然把他生下来，就有责任教育好他。孩子现在才13岁，你们还有机会。只要好好陪伴他，一定会好起来的！"

还有一些单亲家庭的父母到学校来，都说对方不好。其实他们两个都不管孩子，把孩子扔给爷爷奶奶或外公外婆。凡是这样互相攻击的父母，他们的孩子都会受到心理伤害。

有个妈妈总对孩子说爸爸不好，孩子就说："迟早我要把爸爸杀了。"这个孩子高中只上了半年就退学了，他平常就宅在家里，只有同学约他一起看老师才肯出门。他挺聪明，也很爱看书，但只是待在家打游戏、写网络小说，就是不去上学。

我当了28年的班主任，真的意识到父母才是孩子最重要的老师。所以我会告诉家长："孩子出现问题，都是家长的原因。因为你在某几个方面做错了，才会导致孩子出现现在的情况。"所以，我每次都是先跟家长谈，再跟孩子谈。

做称职的父母需要学习（讲述人：徐逸爸）

老师们有句话："老师教十年，不如外面一盘录像。"但是父母养成的习惯不会这样被轻易毁掉。因为老师的教育只能以说教为主，对孩子缺乏感染力。相比之下，父母的言传身教更有说服力。

曾经有个学生问我："老师，你说读书有好处，但如果我将来和你一样教书，工资不是很低吗？骑三轮车挣的都比你多，我干吗要去读书？"那个时候我刚毕业，工资只有100多元。我对他说："虽然收入不多，但教书让我很开心呀！你长大了就会知道不是钱越多越好。”后来过了十多年我再遇到他，就问：“还是多读书好吧？”他说：“老师，你不要再问我这个问题了。”之后，就在那里抽闷烟。

徐逸妈一直认为父母在孩子出生前，就要学习如何做称职的父母，我非常同意她的观点。“我们这里有个母亲学堂，其实我很希望有机会去给那些准妈妈们讲讲课，但又怕人家觉得我显摆儿子上了清华大学，所以不好意思主动要求。但是，我真心认为这个事情非常重要”。

1 孩子的问题都来源于父母

有些父母习惯将孩子的问题归结于学校和社会。但在同样的大环境下，为什么有很多孩子的学习习惯、生活习惯、人格和心态都很健康呢？还有些父母看到孩子的表现不合心意时会说：“这个孩子一点也不像我！”接着下一句就是“都是你妈惯的”或者“都是你爸宠的”。

孩子的行为就是父母的镜子。面对孩子，父母可以看到自己无法看到或不愿意看到的真实的自己。因此，如果你不满意孩子的表现，就先审视一下自己是否存在同样的问题。如果想让孩子成为什么样子，父母自己就要先往那个方向努力，然后拉起孩子的手一起向前走。

另一方面，如果父母发现自己对孩子缺乏影响力，就要反思自己以往是否尽了最大努力陪伴孩子，以及自己对孩子的教育方法是否得当。批评对方永远比反思自己更轻松，但这对孩子情况的改变没有任何帮助。应该说，教育孩子的捷径就是自我教育，除此之外，别无他途。

所以，面对自己一手塑造的孩子，如果不满意他的现状，希望让他获得更大的进步、被更多人认可，父母反省自己、改变自己是唯一的选择和出路。

2 父母更需要“早教”

徐逸父母根据自己长期做班主任的经验得出“父母在孩子出生前，就要学习如何做称职父母”的结论至少说明了两个问题：一是随心所欲地做父母，孩子很容易养成不良习惯、出现不良倾向、产生不良后果；二是只要父母提前学习相关知识，就可以使孩子的心理更健康、发展更顺利，也可以使家庭更和谐。

现在一提起“早教”，就会使人联想到“不要让孩子输在起跑线上”。但其实，真正拖孩子后腿、拉开他与同龄人之间差距的，并不是孩子自身的知识储备，而是父母的教育理念。

随着孩子的出生，与血缘关系同步确立的还有亲子关系。父母与孩子的交流方式与沟通习惯从这一刻开始逐渐形成并固化，孩子的成长和家庭氛围都将因此受到深刻影响。就像孩子从小养成的习惯会伴随终生一样，父母与孩子从出生起建立的亲子关系模式一旦形成也很难改变。

所以，提前关注并持续学习家教知识、情绪管理、儿童心理、交流技巧等内容，能帮助父母更加理性、妥善、有预见性地解决各种困扰和难题，更能让亲子关系持续保持和谐与稳定。

（三）思考与质疑让孩子的心智日趋成熟

以下是徐逸在学习与成长方面的经历和体会。

关于超前学习

从小学开始，爸爸就要求我在假期自学下个学期的数学。我觉得这并不会影响我的上课质量。一方面是我假期没有其他事情做，另一方面是作为优秀学生，老师经常叫我回答问题，回答得好就会被表扬，这让我对数学产生了更浓厚的兴趣。我认为那些上课走神的孩子，可能是因为很少受到正面激励。

到了高中，随着知识难度的加深，我逐渐意识到：提前自学可能存在对知识的理解不够全面和深入的问题。同时，从理解知识到顺利解题并且考出好成绩之间还有很大距离。所以我需要跟着老师的思路，在他从讲解到练习的完整体系中再学一遍。虽然过程重复，但能让我把零碎的知识点建构成一张知识网，从而对知识的理解更加透彻。所以考试时，我总能很清楚地识破老师要考的知识点。

学科竞赛的影响

我从初一开始进行数学竞赛训练，高二时获得了全国奥林匹克数学竞赛一等奖。在这个过程中，我遇到的最大问题是竞赛训练对其他科目的学习以及综合能力培养的影响。

在高考难度比较大的情况下，学科竞赛的训练对相关科目高考成绩的提高有明显好处，但也会直接影响其他科目的学习。这不仅仅是因为投入时间不够，更重要的是两种思维模式之间存在较大差异。而且由于在某个领域过于深入，思维的宽度会在一定程度上受到限制。

在大学专业选择方面，参加竞赛的学生还会面临两个不利因素。一是因为大学的招生政策限制，很多孩子不能完全自由选择专业。二是竞赛训练会消耗大量时间，使我们几乎没有业余生活。而一个人在业余生活中表现出的倾向和才能，会对自己未来的专业和趣味产生非常重要的影响。我觉得选择专业不能只根据高考分数，更应该顺应自己的兴趣，因为它会影响自己未来十年、二十年，甚至更长时间的人生。

从失利中了解自己

高二时，我被清华大学提前录取，于是有一年的时间可以做自己想做的事。当时我想再努力一年，争取进入数学奥赛国家集训队。这是我对自己的一次挑战，也是想给自己多年竞赛训练一个交待。

当时竞赛老师离开了，我就自己找竞赛资料。学校也帮我找老师，送我到外地参加培训。这样辛苦准备了一年，最终还是差之毫厘。

当时的准备过程有点像学术研究，我始终突破不了自己的天花板，又没有同行者和引路人，所以感觉非常痛苦和孤独。那段经历让我决定以后不走学术研究的道路，而向偏人文或者更加感性的领域发展。

为自己而努力

上小学时，我经常把老师的鼓励和父母的认可当成动力。但是初中的时候，父母再怎么说，我也不明白他们为什么要让我考一所好高中。那时我认为这些目标是父母的事，并没有内化成自己的需求。再大一些，当我终于意识到老师的夸奖对我来说没那么重要后，所有事情都是为自己而做。我想要上一所好大学，并且开始规划自己的路，想要把握自己的人生。现在想来，从小学到初中，是我走向成熟最困难、也是最重要的一个阶段。

我不习惯听从父母为自己规划人生，而是愿意自己寻找目标。我还经常思考某一件事的意义，并在这个过程中树立自己的价值观。例如，我会质疑父母的决定，但没有那么激烈，而是去思考。我不知道他们的想法和做法是否正确，但会想其中的合理性。大多数时候，我都会认同他们的意见，并由此找到自己努力的方向。

1 超前学习的利与弊

作为全国奥林匹克数学竞赛一等奖得主，徐逸既是佼佼者也是特例。但从他超前学习的经历中，我们仍然可以得到很多收获。

一般意义上，超前学习相当于预习。通过徐逸的讲述可以看出，经过预习，学生在听老师讲课时，更容易抓住重点，也能够更深入、更全面地理解知识。

同时，与在课外辅导班中提前学习不同，预习不仅能帮孩子更好地为上课做准备，更能培养他的自学能力。预习时，他需要观察、思考、推演、归纳，上课时还要经历回忆、质疑、总结、应用。在这个过程中，孩子的思辨能力会增强，孩子本身也会更乐于接受新概念和新事物，也更勇于并善于面对困难、迎接挑战。

在超前学习的问题上，父母最担心、在孩子身上也确实存在的现象是：孩子会因此忽视老师的课堂教学。应该说，这种情况的发生大多与父母的动机有关。如果父母希望孩子通过提前学习赢得领先地位，他上课时想的可能就是“老师讲的我都已经知道了！”或者“我不用听课也能学好！”有了这样的想法，怎么能够专心听讲呢？但如果父母希望孩子通过提前学习，更深入、更全面地理解知识，孩子上课时的专注度就不会受影响。

特别需要注意的是：提前学习的方式与孩子的特质和课程特点密切相关。如果父母教条式地对孩子提出要求，并且强迫他遵从，会使孩子产生逆反心理，最终结果反而会欲速则不达。

2 在经历与思考中寻找方向

为孩子设定目标并监督执行，是很多父母常做的事。但是即便如此，孩子学习时仍然表现得心不在焉，只要不督促，就开始想别的、做别的。所以有些父母经常报怨：“他好像总在为我学习。”

和徐逸一样，几乎所有孩子都面临过同样的困惑：“我为什么要听你们的？为什么你们说的都正确？”这样的想法貌似有明显的抵触情绪，但对于孩子来说只是一个没有想明白的问题而已。

有人觉得：“我已经掰开揉碎地讲了，他怎么可能不明白？”但父母信手拈来的道理都源于自己的经验，对由此得出的结论深信不疑。而孩子自身并没有这些经验，身边又缺少可以佐证的例子，怎么可能发自内心地赞同父母的预测和推论呢？还有人觉得：“父母都是为孩子好，就算他不完全理解，也应该完全信任啊！”但孩子很难用自己并不信服的理论指导自己的行为，这与是否信任没有关系。

要想从根本上解决这个问题，父母可以从两个方面着手。一是让孩子通过成功与失败积累经验。例如，徐逸在老师的肯定和鼓励下对学习投入更多的热情和精力，也在挑战的失利中寻找自己未来努力的方向。二是用思考弥补经验。例如，徐逸在青春期，通过思考父母建议的合理性，达到规划自己人生的目的。

所以，给孩子足够的时间与空间去经历、去思考，让他发掘自己的内在动力，才是让孩子自觉学习、主动上进最有效的做法。

后 记

有人问我这12个清华学生家庭是怎样筛选的？其实只有一个条件，就是父亲、母亲和孩子都愿意参与其中，并且乐于分享自己的经验与教训、快乐与痛苦。当时我并没有意识到这个条件意味着什么，但随着从访问到回顾、从选材到写作的逐步推进，他们的一些共同特质越来越清晰地浮现出来。

这些父母，夫妻之间互相信任、和谐融洽、情深意长；遇到困难总是携手克服，而不是互相埋怨、轻言放弃；他们大多是单位的业务骨干或拥有自己的事业，却坚持自己亲手把孩子带大；他们既关爱自己的小家、孝敬长辈，还尽己所能帮助周围的人。

这些孩子，他们积极上进、学业优秀；他们勤于思考，主动探索、追求自己的人生；他们乐于与父母倾心交流，对亲人有情有义；他们令人温暖，也愿意把温暖带给更多的人。

有这样的父母，孩子如何不成才！有这样的孩子，父母如何不幸福！

我在中国妇女儿童博物馆做志愿者已经两年了。每次带领观众参观《家和万事兴——家风家教主题展》时，都会传递“家风是父母给孩子的最好礼物，家教是父母言行的自然流露”的理念。

“一切以孩子的学习为中心”是很多家庭的常态，这种思维方式使得让孩子更善良、更正直、更真诚、更美好的教育经常被忽视。如今，如果在看望老人与课外作业之中二选一，连老人都会认为自己没有孩子的学习重要。这样的社会现实是我们的民族之幸，还是民族的悲哀呢？褪下“好成绩”和“好学校”的光环，余下的才是一个人安身立命之本。而一个缺乏爱心、责任心、规则意识和是非观念的人，凭什么在社会上立足呢？

我总是对来咨询的父母说：每当孩子遇到困难或问题，不妨静心下来想一想，孩子目前的状况与自己有怎样的关系？怎样调整自己的言行才能使孩子回到正轨？有了这样的反思与改变，孩子的问题才能从根本上得到解决。反之，如果只是单纯指责孩子或者急于四处寻找“良方”，结果只能使对症下药就能根治的小病成为拖累孩子一生的顽疾。

家风与家教对孩子的影响都是慢功夫，虽然看似无法在短时间见到成效，却是形成孩子核心竞争力的关键因素。就像这些清华孩子在学习上脚踏实地、精益求精，在工作上善于协作、勇于挑战，在家庭中感恩父母、关照亲人，在社会上尊重他人、服务社会。这些根植于家庭、成长于岁月的珍贵品质，不仅使他们在学业上出类拔萃，还让他们的未来有更加广阔的发展空间。

所以在本书的最后我特别想说：孩子只要有追求人生价值的愿望和行动，即使考不上理想的大学，也会想尽办法向着自己的目标努力。而父母对孩子最有效的教育，就是在陪伴孩子的同时努力做最好的自己。这样，孩子就能时刻被身边的榜样影响、带动，期待能够像父母一样，越走越高、越走越远！

李晶

2019年2月